SEGUNDA EDICIÓN

Manual Para Estudiantes

TRIÁNGULO

Aplicaciones Prácticas de la Lengua Española

Barbara Gatski
Milton Area High School
Milton, Pennsylvania

John McMullan
The Hotchkiss School
Lakeville, Connecticut

Arte
Charles D. Noyes
The Hotchkiss School

WAYSIDE PUBLISHING

129 Commonwealth Avenue
Concord, Massachusetts 01742

A NUESTROS HIJOS

Megan y Jenna

Daniel y Beth

Cassette Recordings: **Hagens Recording Studio, Inc.**
Princeton, NJ 08540

PRINTED IN THE UNITED STATES

ISBN 1-877653-34-9

PERMISSIONS

Capítulo I

El arte de leer—Lectura

I. "Cocina en la onda de lo
   rápido"
   Helen Hendon
   Más
   Marzo, 1993

II. "Amplias y cómodas"
   Caleb Bach
   Américas
   Vol 44, nú 6, 1992

El arte de escribir—Vocabulario

I. "Sacos de exotismo y arroz"
   Más
   Marzo, 1992

II. "Nutrición"
   Más
   Abril, 1992

Capítulo II

El arte de leer—Lectura

I. "Al ataque contra ese
   inoportuno grano"
   A.L.
   Más
   Marzo, 1993

II. "Histérico toda la noche"
   Aliza Lifshitz, M.D.
   Más
   Abril, 1993

El arte de escribir—Vocabulario

I. "Histérico toda la noche"
   Aliza Lifshitz, M.D.
   Más
   Abril, 1993

Capítulo III

El arte de leer—Lectura

I. "Beni"
   Liliana Campos-Dudley
   Américas
   Vol 44, nú 3, 1992

II. "La abeja harangana"
   Horacio Quiroga
El arte de escribir—Vocabulario

I. & II. "Caliente"
   Más
   Marzo, 1992

Capítulo IV

El arte de leer—Lectura

I. "Típicos tópicos"
   Carmen Rico-Godoy
   Cambio 16
   Nú 1.079/27792

II. "Los Vikingos de las
Antillas"
   Peter Muilenburg
   Américas
   Vol 44, nú 4, 1992

El arte de escribir—Vocabulario

I. "Las prisiones del Oeste"
   Más
   Marzo, 1993

Capítulo V

El arte de leer—Lectura

I. "El diario inconcluso"
   Virgilio Díaz Grullón
   Américas
   Vol 45, nú 1, 1993

II. "El humilde arte de vida"
   Liza Gross
   Américas
   Vol 45, nú 1, 1993

El arte de escribir—Vocabulario

I. "Todo un mundo de
   telenovelas"
   Más
   Marzo, 1992

II. "Música"
   Más
   Abril, 1992

Capítulo VII

El arte de escribir—Gramática

I. & II. "Aprender es como un
juego para los niños"
   Más
   Marzo, 1992

Capítulo VIII

El arte de leer—Lectura

I. "Donde nacen los sonidos"
   Caleb Bach
   Américas
   Vol 45, nú 1, 1993

II. El préstamo de la difunta
   Vicente Blasco Ibáñez

El arte de escribir—Vocabulario

I. & II. "De sol a sol"
   Más
   Marzo, 1992

III. "Sueño realizado"
   Más
   Abril, 1993

Capítulo IX

El arte de leer—Lectura

I. Misericordia
   Benito Pérez Galdós

II. La familia de Pascual
   Duarte
   Camilo José Cela
   Prentice-Hall, Inc., 1961

III. "El dinero importa, pero
   no lo es todo"
   Chiori Santiago
   Más
   Marzo, 1993

IV. "Mi hermana Antonia"
   Jardín umbrío
   Ramón del Valle-Inclán

El arte de escribir—Vocabulario

I. "Las propinas"
   Más
   Marzo, 1993

II. "La epidemia avanza
   entre los hispanos"
   Aliza Lifshitz, M.D.
   Más
   Abril, 1993

Capítulo X

El arte de escribir—Vocabulario

I. "Latinos Anónimos Unidos"
   Más
   Marzo, 1992

II. "Las prisiones del Oeste"
   Más
   Marzo, 1993

AGRADECIMIENTOS: Agradecemos muchísimo la ayuda, el consejo y, sobretodo, el apoyo de Ana Hermoso, Ángela Janelli, Mariette Reed, Ninfa O. Edelman y Kathleen M. Brautigam. Sin los muchos consejos y la redacción de Carmen Salazar no hubiéramos podido completar este libro. Le estamos muy agradecidos. Carolyn Demaray ha sido la inspiración de este manual. Eso nunca lo olvidaremos y le damos las gracias también por su amistad.

Tampoco podremos olvidar a los centenares de estudiantes que hemos enseñado durante cuarenta años. Ellos son la razón principal por la cual hemos preparado este manual.

ACKNOWLEGEMENTS: We gratefully acknowledge copyright permissions granted for reproduction of passages from the following:

Más
Univision Publications
605 Third Avenue
12th Floor
New York, NY 10158-0180

Américas Magazine
Organización de los Estados Americanos
17th Street and Constitution Avenue
N.W. Washington, D.C. 20006

"Reprinted from Américas, a bimonthly magazine published by the General Secretariat of the Organization of American States in English and Spanish."

Cambio 16
Hnos. García Noblejas, 41
28037 Madrid, España

AP directions selected from 1994 Spanish Language Advanced Placement Examination, College Entrance Examination Board, 1994. Reprinted by permission of Educational Testing service, the copyright owner of the test questions. Permission to reprint AP Exam directions does not constitute review or endorsement by Educational Testing Service or the College Board of this publication as a whole or of any other questions or testing information it may contain.

UNAS PALABRAS PARA LOS ESTUDIANTES

TRIÁNGULO. . .Ustedes, su profesor/a y el texto: los tres elementos que comprende este proyecto. La cooperación mutua que representa este triángulo beneficia principalmente a los estudiantes, a ustedes que toman cursos avanzados o cursos de preparación para un examen de lengua como el del programa "AP".

Ustedes han llegado a cierto nivel de comprensión en una lengua que no es la suya: a comprender oralmente, a hablar, a leer y a escribir en un español simple pero claro. Hasta ahora han tenido que aprender etapa por etapa, formando una base sólida. Y ahora quieren hacer un salto más hacia adelante para alcanzar un nivel aún más alto. Con la ayuda de este libro y su profesor/a van a continuar este proceso vital.

Los autores hemos escrito este libro para ayudarlos a Uds. a alcanzar un nivel más avanzado de conocimiento del español. Hemos puesto mucho énfasis en la adquisición de vocabulario. Por eso, este libro no sirve sólo en la preparación para un examen específico sino en el mejoramiento del control de cierto vocabulario. Seguimos la forma del examen de lengua "AP": los ejercicios son como los ejercicios que Uds. van a encontrar en el examen de lengua "AP". También mucho vocabulario en cada capítulo abarca cierto tema léxico. Por ejemplo, el tema del primer capítulo es la casa e incluye lo que se hace y se ve en la casa: muebles, quehaceres, comida, etc. Los invitamos a repasar y a aprender una gran cantidad de vocabulario mientras se acostumbran a los distintos tipos de ejercicios que comprende el examen de lengua "AP".

Un examen como el de lengua "AP" es muy comprensivo y, a nuestro parecer, presenta muchas oportunidades en las que los estudiantes pueden aprovechar para mostrar su conocimiento del español. Creemos también que no se puede lograr el progreso sin el esfuerzo del estudiante y su deseo de mejorar su domino del español. Por eso, los autores esperamos que la combinación de este libro TRIÁNGULO y la destreza y el entusiasmo de su profesor(a) les ayude a realizar sus sueños como estudiantes, la razón principal de este triángulo.

BSG
JWM

ÍNDICE GENERAL

ABOUT THE AUTHORS

Barbara Gatski teaches AP Spanish Language as well as other upper level Spanish courses in the Milton Area High School in Milton, Pennsylvania. She has been a reader (corrector) for the AP Spanish Language Exam, specializing in the correction of the spoken section. Barbara has her BA in Spanish from Lock Haven University and her Masters Degree in Spanish Literature at Middlebury College. She has taken numerous students to Spain on educational trips over the past eleven years. She has been involved in many professional organizations and workshops.

John McMullan teaches Spanish at The Hotchkiss School in Lakeville, Connecticut where he has been Head of the Modern Languages Department. He has taught AP Literature and Language for many years. He has been a reader and is now an administrator for correction of the AP Spanish Language Exam, overseeing setting of the criteria for the correction of the spoken portion of the exam. He has his BA in Spanish from Hamilton College and his Masters Degree from Middlebury College. John was the chief writer for the College Board's *Teacher's Guide to Advanced Placement Courses in Spanish Literature*. He has co-authored the *High School Study Guide* for McGraw-Hill's *Destinos* and *Bravo III* for McDougal Littell. He has given a number of workshops and presentations on the teaching of Spanish language and literature.

CAPÍTULO I — LA CASA

(Aparatos, comida, herramientas, muebles, quehaceres, ropa)

VOCABULARIO

aceite (m)

agregar

agua (f)

ahumado

ajo

alcoba

alimentar

alimenticio

alimento

aluminio

aparato

armario

arreglar

arroz (m)

azafrán (m)

azúcar (m)

beber

blusa

bodega

bombón (m)

bota

bróculi (m)

cabra

cacahuete (m)

caliente

caloría

caluroso

cama

camarón (m)

camisa

camiseta

carne (f)

cartón (m)

cebolla

cena

cepillar

cerámica

cereza

cerilla

césped (m)

chaqueta

cheque (m)

chocolate (m)

chuleta

cocción (f)

coche (m)

cocido

cocina

cocinar

coco

cocoa

colesterol (m)

comida

congelado

cordero

cortar

cortarse

crema

crudo

cucharada

cuchillo

dátil (m)

delicioso

diente (m)

dieta

dulce (m)

dulce

ensalada

escabeche (m)

escurrir

espagueti (m)

esponjoso

etiqueta

falda

fécula

fibra

fósforo

fregar

fresa	manteca	receta
fruta	mantequilla	requesón (m)
galleta	marisco	res (f)
gaseosa	martillo	ropero
grano	medicina	sabroso
grasa	melocotón (m)	sacarina
guisado	merengue (m)	saco
habitación (f)	mesa	sacudir
helado	mesita	sal (f)
herramienta	mezcla	sala
hidrogenado	ordenador (m)	salchicha
hogar (m)	pajita	salsa
hongo	pantalones (m)	sandía
hornear	papel (m)	silla
horno	pariente (f, m)	sopa
horno de microondas	patata	sucio
ingrediente (m)	pavo	suelo
invitado	pechuga	supermercado
jabón (m)	pescado	taza
kilo	picado	torta
lámpara	piso	tortilla
lavaplatos (m. sing.)	plato	traje (m)
lavar	postre (m)	utensilio
leche (f)	precalentar	vegetal (m)
legumbre (f)	presupuesto	vegetariano
leña	probar	vestido
licuar	proteína	vidrio
limpiar	pulpo	vinagre (m)
limpieza	quehaceres (m)	vitamina
madera	queso	zanahoria

El arte de escuchar: Diálogos cortos

Instrucciones: Escuchará usted una serie de diálogos. Después de cada diálogo se le harán varias preguntas sobre lo que acaba de escuchar. Para cada pregunta elija la mejor respuesta de las cuatro opciones escritas en su libreta de examen.

NOW GET READY FOR THE FIRST DIALOGUE

Diálogo I

1. a. En la casa de la señora.
   b. En la habitación de la hija.
   c. En la oficina del dentista.
   d. En la calle.

2. a. Que acompañe a su hija a la oficina del dentista.
   b. Que reciba una medalla de oro.
   c. Que limpie la cocina también.
   d. Que ordene la habitación de su hija.

3. a. Estudia en su alcoba.
   b. Está visitando al dentista.
   c. Está ordenando la cocina.
   d. Recibe un premio importante.

4. a. Que no tiene bastante energía para hacerlo.
   b. Que la hija lo debería haber ordenado.
   c. Espera tener bastante tiempo para terminarlo.
   d. Que hay que ser un pulpo para poder ponerlo en orden.

5. a. Es muy organizada.
   b. Es mimada.
   c. Siempre llega tarde a casa.
   d. Es muy jovencita y necesita la ayuda de su madre.

NOW GET READY FOR THE NEXT DIALOGUE

Diálogo II

1. a. Porque debemos mostrarles más compasión.
   b. Porque el Sr. Camposanto se lo dijo.
   c. Porque su madre quiere que coma carne.
   d. Porque necesita calificarse para cierto peso específico.

2. a. Es el que está encargado de un deporte.
   b. Es un amigo del chico.
   c. Es otro atleta que participa en el mismo deporte.
   d. Fue un famoso atleta que participó en un torneo importante.

3. a. Porque tienen más vitaminas que la carne.
   b. Porque tienen más fécula que la carne.
   c. Porque tienen más grasa que la carne.
   d. Porque tienen más fibra que la carne.

4. a. Un buen postre de torta con helado.
   b. Un plato combinando carne y verduras.
   c. Varios platos de arroz, bróculi y zanahorias.
   d. El plato nacional de camarones, pollo y azafrán.

5. a. Los seres humanos son más importantes que los animales.
   b. La carne provee bastantes vitaminas.
   c. Un poco de grasa es importante en la dieta.
   d. La carne siempre ha sido importante en la dieta diaria.

El arte de leer: Vocabulario

Instrucciones: Esta parte consiste en una serie de oraciones incompletas. Para cada una de las oraciones se ofrecen cuatro opciones para completarla. Elija la opción más apropiada.

Sección I

1. Por toda la sala . . . del ajo y de la cebolla aumentaba.
   - a. el fuerte
   - b. el alimento
   - c. el olor
   - d. la cucharada

2. Es buena idea . . . bien la comida que queda.
   - a. quemar
   - b. congelar
   - c. promover
   - d. agregar

3. Los invitados no saben cómo van a . . . a la oscuridad.
   - a. adaptarse
   - b. apagar
   - c. encender
   - d. pegarse

4. Para encender el fuego, Elena buscó . . .
   - a. un relámpago.
   - b. un trueno.
   - c. una cerilla.
   - d. un vidrio.

5. La anfitriona . . . la mesa y su esposo prepara las bebidas.
   - a. hace
   - b. pone
   - c. mete
   - d. acaba

6. Cubra el arroz con queso rallado y . . . durante una hora.
   - a. hornéelo
   - b. mézclelo
   - c. córtelo
   - d. licúelo

7. Para . . . los huéspedes se besan y se dan la mano.
   - a. saludarse
   - b. entrenarse
   - c. gritarse
   - d. guardarse

8. . . . Es posible que te cortes con este cuchillo.
   - a. ¡Ahí!
   - b. ¡Felicitaciones!
   - c. ¡Cuidado!
   - d. ¡Gracias!

9. La lámpara se ha fundido. Traiga . . . , por favor.
   - a. un ajo
   - b. una bombilla
   - c. un utensilio
   - d. un globo

10. Todos iban muy bien vestidos; . . . trajes elegantes.
    - a. se enrojecían
    - b. se iniciaban
    - c. aconsejaban
    - d. lucían

Sección II

1. Quiero que comas la patata. Voy a . . . en aluminio y hornearla.
    a. mezclarla
    b. cortarla
    c. envolverla
    d. enfriarla

2. Si la torta de calabaza está cocinándose demasiado, . . . el horno un poco.
    a. baje
    b. saque
    c. añade
    d. reserve

3. Mamá, no quiero hacerlo; que . . . Carmen la tortilla del horno.
    a. quite
    b. saque
    c. sazone
    d. reparta

4. Esta comida es deliciosa; es decir . . .
    a. congelada.
    b. sabrosa.
    c. penosa.
    d. abundante.

5. Nuestra madre nos dijo que todavía . . . un poco de los vegetales.
    a. prueba
    b. queda
    c. termina
    d. escurre

6. Los marcianos vienen en su . . . espacial.
    a. nave
    b. carta
    c. bota
    d. hongo

7. La comida ha llegado y Marta les dice a sus hermanos, . . .
    a. ¡Buen provecho!
    b. ¡Es más buena que el pan!
    c. ¡No es justo!
    d. ¡Son uña y carne!

8. El dietético me recomendó una dieta . . .; algo de cada uno de los cuatro grupos de alimentos.
    a. insuficiente
    b. importada
    c. equilibrada
    d. ahumada

9. A los jóvenes les . . . las legumbres; ¡no quieren ni verlas!
    a. fascinan
    b. encantan
    c. desagradan
    d. importan

10. Compré las frutas que me pediste: las cerezas, los melocotones, la sandía, y . . .
    a. los hongos.
    b. la trucha.
    c. las chuletas.
    d. los dátiles.

Sección III

1. Para bajar de peso, se debe . . . los dulces.
    a. evitar
    b. probar
    c. agregar
    d. tomar

2. El ejercicio aeróbico es para . . .
    a. aumentar de peso.
    b. estar en forma.
    c. empeorar la condición física.
    d. engordar.

3. Petra, si quieres satisfacer tus ansias de algo dulce, pide . . .
    a. una taza de chocolate.
    b. una pechuga de pollo.
    c. una ensalada en escabeche.
    d. una salchicha.

4. Margarita siempre usa una sacarina en vez de . . .
    a. sal.
    b. galleta.
    c. azúcar.
    d. pajita.

5. Si no quieren comer las verduras cocidas, pueden comer las . . .
    a. asadas.
    b. crudas.
    c. estofadas.
    d. duras.

6. No se debe regalarle . . . a una persona que está a dieta.
    a. perfume
    b. fruta
    c. bombones
    d. yogur

7. El médico no recomendó que comenzara una dieta de . . . Me sugirió que cambiara los hábitos poco a poco.
    a. grasa.
    b. muchas calorías.
    c. golpe.
    d. balance.

8. Una dieta solamente de arroz parece . . .
    a. variada.
    b. monótona.
    c. instantánea.
    d. sana.

9. Incluya alimentos ricos en vitaminas para disminuir . . . de contraer algunas enfermedades.
    a. el riesgo
    b. el suplemento
    c. el consumo
    d. la salud

10. Tengo ganas de . . . Voy a la cancha de tenis.
    a. vitrinear.
    b. entrenarme.
    c. doblarme el tobillo.
    d. grabar unos discos.

El arte de leer: Gramática

Instrucciones: En esta parte, usted debe elegir la palabra o frase que complete la oración correctamente.

1. Naturalmente, a mamá le gustaría que yo . . . el cuarto cuanto antes.
   - a. limpie
   - b. limpia
   - c. limpiara
   - d. limpió

2. Voy a sacudir los muebles, pero cuando . . . , me marcho.
   - a. termino
   - b. termine
   - c. terminaré
   - d. terminaría

3. La empleada acaba . . . ordenar la cocina.
   - a. de
   - b. a
   - c. que
   - d. en

4. Al . . . a los jeans, los jóvenes dicen que "cuanto más ceñidos, mejor".
   - a. refiriéndose
   - b. referirse
   - c. se refieren
   - d. se refirieron

5. La eficacia con . . . el microondas cocina es algo que todavía me sorprende.
   - a. el que
   - b. lo cual
   - c. lo que
   - d. la cual

6. Según la receta: lave bien los ingredientes; y . . .
   - a. los mezcle.
   - b. mézclelos.
   - c. los mezcla.
   - d. mézclalos.

7. A los huéspedes no . . . el ajo.
   - a. le gusta
   - b. les gustan
   - c. le gustan
   - d. les gusta

8. Deje reposar cinco minutos hasta que . . . esponjosa.
   - a. estará
   - b. estaría
   - c. esté
   - d. está

9. Este banco de madera está preparado para resistir siete . . . ocho veranos calurosos.
   - a. o
   - b. ni
   - c. u
   - d. y

10. ¿Te has . . . el gorro y la chaqueta?
    - a. puestos
    - b. puesto
    - c. poniendo
    - d. pones

El arte de leer: Gramática incorrecta

Instrucciones: En las siguientes oraciones, usted debe elegir la parte que hay que CAMBIAR para que cada oración sea gramaticalmente correcta.

1. <u>Eran</u> las seis de la mañana y mi mamá <u>entró</u> <u>sonriendo</u> en mi habitación para
   a   b   c
<u>me levantara.</u>
    d

2. ¿Por qué necesitamos <u>cepillarnos</u> <u>nuestros</u> dientes, mami? Tenemos <u>mucho</u> sueño y
                               a   b   c
queremos <u>acostarnos</u> pronto.
            d

3. Cuando <u>regresamos</u> a casa vamos a <u>lavar</u> la ropa y <u>preparar</u> la comida antes de que
               a   b   c
<u>llegue</u> papá.
    d

4. Al <u>llegando</u> a casa mi hermano <u>buscó</u> el martillo para <u>reparar</u> el estante que
       a   b   c
<u>se rompió</u> ayer.
     d

5. Cuando <u>era</u> niña mis padres <u>querían</u> que <u>llevaba</u> ropa juvenil y no la de <u>los</u> que
         a   b   c   d
tenían diez y seis años.

6. No tengo tiempo <u>de</u> <u>hacerlo</u> ahora porque estoy <u>para</u> salir y todavía me <u>faltan</u> pocos
                  a   b   c   d
minutos.

7. Todo el tiempo mi hermana me <u>pide</u> <u>prestado</u> la falda azul y siempre <u>le</u> contesto en
                               a   b   c
voz <u>baja,</u> "¡NO!"
     d

8. Voy a <u>decirle</u> al dependiente que puedo pagar veinte dólares <u>para</u> el ropero que
        a   b
<u>queda</u> en el <u>segundo</u> piso.
  c   d

9. Salió <u>corriendo</u> <u>de</u> la casa sin <u>poniéndose</u> la chaqueta <u>ni</u> las botas.
        a   b   c   d

10. Anoche, <u>a eso de</u> las once, <u>fui</u> a la cocina <u>para</u> una taza de leche <u>caliente</u>.
           a   b   c   d

El arte de leer: Lectura

Instrucciones: Lea con cuidado cada uno de los pasajes siguientes. Cada pasaje va seguido de varias preguntas u oraciones incompletas. Elija la mejor respuesta o terminación, de acuerdo al pasaje.

Lectura I

Una de las grandes innovaciones en el arte culinario es el uso del horno microondas. La eficacia y la rapidez con las que el microondas cocina los alimentos son sólo dos de sus muchas ventajas. Pero lo principal es saber utilizarlo para mejorar la nutrición y conseguir mejor sabor.

5

Las recetas para el microondas son algo diferentes a las que estamos acostumbrados a seguir para cocinar en el horno o la hornilla. Pero no por ello son complicadas ni requieren mucho tiempo. Al contrario, Ud. descubrirá que el microondas le permite ahorrar mucho tiempo. Imagine la ventaja que supone llegar a casa a
10 preparar la cena y tenerla lista, literalmente, en unos minutos. Al principio, siga muy atentamente las instrucciones y, más adelante, empiece a experimentar con sus propias recetas e ideas.

El microondas será su mejor aliado, tanto si Ud. debe preparar una cena ele-
15 gante y muy especial, como si Ud. necesita tener lista en muy poco tiempo una comida ordinaria para su familia.

Cocinar con el horno microondas equivale, en esencia, a cocinar al vapor, ya que las microondas activan los líquidos y fluidos presentes en los alimentos en forma
20 similar al hervor del agua. Este sistema asegura que los alimentos se cocinen de manera uniforme, lo que permite cocinar platos como el pescado o los guisados, las carnes y los estofados, más fácil y rápidamente.

Lo que el microondas no puede hacer es dorar o asar. Por eso, para hacerlo, debe
25 colocar su plato unos minutos en el asador después de sacarlo del microondas. El microondas conserva, en gran medida, las vitaminas y los minerales de los alimentos.

Las comidas se pueden servir en la mesa en los mismos recipientes en que se
30 cocinaron dentro del microondas. Pero antes de cocinar, asegúrese de que sus utensilios puedan ir al microondas.

1. ¿Cuál es el mejor título para este artículo?
    a. "El microondas: el horno contemporáneo
    b. "Así se conservan las vitaminas"
    c. "La casa moderna"
    d. "Cómo cocinar a toda velocidad"

2. Las ventajas del microondas no incluyen
    a. el dorar.
    b. la eficacia y el mejoramiento nutritivo.
    c. el asar.
    d. el ánimo para un régimen dietético.

3. Para preparar un estofado en el microondas hay que
    a. ponerlo en un plato especial.
    b. lavar bien los ingredientes.
    c. usar recetas especiales.
    d. prepararlo como si utilizara un horno cualquiera.

4. ¿Por qué cocina de una manera tan uniforme un horno microondas?
    a. Porque utiliza los rayos X más uniformes.
    b. Porque utiliza los líquidos presentes en la comida misma.
    c. Porque utiliza menos electricidad en poco tiempo.
    d. Porque utiliza recetas especiales y elegantes.

5. Según el artículo, el microondas permite cocinar fácilmente
    a. guisados, carnes y ensaladas.
    b. guisados, postres y pescados.
    c. carnes, pescados y asados.
    d. estofados, pescados y carnes.

6. Para poder dorar bien un asado
    a. hay que ponerlo en un horno normal antes de ponerlo en el microondas.
    b. se debe ponerlo en el microondas por cinco minutos más.
    c. se necesita utilizar una receta especial.
    d. hay que ponerlo en un horno normal después de sacarlo del microondas.

Lectura II

Hoy en día vivimos en una época de pluralismo sastreril. Pero al referirse a los pantalones, muchos se adhieren al adagio de que "cuanto más anchos, mejor". Quienes estén de acuerdo con este criterio, deben considerar comprarse un par de *bombachas*, los tradicionales pantalones de los gauchos. Su amplitud hace que sean
5 confortables para cualquier situación, activa o pasiva, y su tela resistente y utilitaria hace que parezcan durar para siempre. Su botamanga abotonada en el tobillo protege del polvo, los insectos, las ramas y hasta permite no perder las monedas si se tiene un agujero en el bolsillo. Si bien el Cono Sur ofrece las mejores bombachas, también pueden comprarse en otros lugares, aún con catálogos por correo.
10

Abundan las teorías acerca del origen de las bombachas. El novelista argentino Ernesto Sábato prefiere una teoría universalista que sugiere que muchos pueblos de a caballo como los mongoles y los cosacos preferían usar ropas que permitían la libertad de movimientos. De manera que era inevitable que los campesinos de la
15 Argentina, el Uruguay, el Paraguay y aún del sur del Brasil utilizaran estos pantalones anchos.

Una tesis alternativa es la de Eduardo Falú, el gran guitarrista y compositor del norte de la Argentina. Falú, de ascendencia siria, apunta al Cercano Oriente,
20 probablemente Turquía, como el origen de las bombachas. En su opinión, un embarque de pantalones que se había dirigido a las tropas del Pashá o un excedente de guerra al finalizar la guerra de Crimea fue a dar al río de la Plata y allí sembró la semilla.

1. ¿Cuál es la principal actitud de hoy en día hacia la ropa?
    a. Es una actitud insólita.
    b. Hay muchos diferentes gustos personales.
    c. Los pantalones anchos son los más deseados.
    d. Hay un deseo por lo tradicional.

2. ¿Cuáles son unas ventajas de las bombachas?
    a. La tela suave es de seda o de lino.
    b. Se pueden comprar con catálogos por correo.
    c. Se pueden encontrar en la Argentina, el Uruguay y el Paraguay.
    d. Protegen contra los insectos y la pérdida del dinero.

3. ¿Cuál es el origen de las bombachas?
    a. Es probablemente turco.
    b. Sin duda pertenece a los caballistas.
    c. Se encuentra entre los gauchos.
    d. Hay varias teorías y nadie lo sabe exactamente.

4. Según Ernesto Sábato estos pantalones anchos se deben
    a. al Cercano Oriente.
    b. a la imitación de muchos pueblos vaqueros.
    c. a los mongoles y los cosacos.
    d. a intereses universales de los gauchos.

5. ¿Cuál es una de las teorías acerca del origen de las bombachas?
    a. Los argentinos las adoptaron primero.
    b. Muchos de estos pantalones llegaron a la Argentina como sobras de guerra.
    c. Tropas de Turquía las llevaban en el Uruguay.
    d. Eran pantalones favoritos de los guitarristas folclóricos.

El arte de escribir: Vocabulario

Instrucciones: Lea usted el pasaje siguiente. Luego escriba en la línea a continuación de cada número la forma de la palabra entre paréntesis que se necesita para completar el pasaje de manera lógica y correcta. Para recibir crédito, tiene que escribir y acentuar la palabra correctamente. Debe usted escribir UNA SOLA palabra en cada línea. Es posible que la palabra sugerida no requiera cambio alguno. Escriba la palabra en la línea aun cuando no sea necesario ningún cambio.

Sección I

La mayoría de las personas no ____(1)____ suficientemente el arroz. Compran cartones y sacos en bodegas y supermercados y los llevan a sus hogares sin ____(2)____ dos veces. Pero ____(3)____ fabuloso y exótico grano con una historia antiquísima y del cual ____(4)____ miles de millones de personas tanto en Asia como en otros continentes ____(5)____ mucho más que un uso ____(6)____ .

El arroz es uno de ____(7)____ más antiguos cultivos alimenticios del hombre. En China ya ____(8)____ como alimento básico en el año 2800 antes de Cristo. Los griegos lo ____(9)____ gracias a las expediciones de Alejandro el Grande a Asia alrededor del año 320 antes de Cristo.

1. _____ (apreciar)

2. _____ (pensarlo)

3. _____ (este)

4. _____ (alimentar)

5. _____ (merecer)

6. _____ (rutinario)

7. _____ (el)

8. _____ (considerar)

9. _____ (descubrir)

Sección II

Un alimento alto en grasas es también alto en calorías. Si quiere cuidar su dieta es importante que al ____(1)____ la compra ____(2)____ las etiquetas de los productos para ____(3)____ el número de calorías que le ____(4)____ y para evitar ____(5)____ que ____(6)____ grasas ____(7)____ como el aceite de coco, aceite de palma, manteca, grasa de res, manteca vegetal hidrogenada, mantequilla, crema o mantequilla de cocoa. ____(8)____ los alimentos se reducen las vitaminas. ____(9)____ Ud. el agua de la cocción para hacer sopas o para agregarla a otros platos, de esta forma estará aprovechando al máximo todas las vitaminas.

1. _____ (hacer)

2. _____ (revisar)

3. _____ (saber)

4. _____ (aportar)

5. _____ (aquel)

6. _____ (contener)

7. _____ (saturado)

8. _____ (cocinar)

9. _____ (utilizar)

El arte de escribir: Verbos

Instrucciones: En cada una de las siguientes oraciones, se ha omitido un verbo. Complete usted cada oración escribiendo en la línea numerada la forma y el tiempo correctos del verbo entre paréntesis. Es posible que haga falta más de una palabra. En todo caso usted debe usar un tiempo del verbo entre paréntesis.

1. Cuando era niña, ___(1)___ el piano todos los días.

1. _____ (tocar)

2. Si puedes, por favor, ___(2)___ la mesita y el armario.

2. _____ (sacudir)

3. Juanito, no quiero que ___(3)___ la gaseosa en tu alcoba.

3. _____ (beber)

4. Antes de hornearlo, es necesario que Ud. ___(4)___ el horno.

4. _____ (precalentar)

5. Francisco, mira esta foto aquí en la agencia inmobiliaria, ¿___(5)___ una cocina con un horno de microondas y un lavaplatos en esta casa?

5. _____ (haber)

6. Si tuviera vinagre, yo ___(6)___ una salsa para la ensalada.

6. _____ (preparar)

7. Cuando ___(7)___ la sala, ten cuidado con las cerámicas.

7. _____ (arreglar)

8. Papi, si hubiera tenido el tiempo, ___(8)___ el césped.

8. _____ (cortar)

9. Déle a Arturo el jabón para que ___(9)___ el suelo.

9. _____ (fregar)

10. Por lo general compartimos los quehaceres, pero anoche, yo lo ___(10)___ todo.

10. _____ (hacer)

El arte de escribir: Ensayos

Ensayo I: Los quehaceres

En muchas familias es importante que cada miembro se encargue de ciertas responsabilidades en la casa. Si pudiera darles consejos a sus padres sobre la distribución y el cumplimiento de las varias responsabilidades familiares, describa lo que les diría.

_____

_____

_____

_____

_____

_____

_____

Ensayo II: La carne

Los vegetarianos dicen que no se puede comer ni la carne de animal, ave o pescado. Los que comen carne dicen que los animales fueron puestos en este mundo para nuestro beneficio. En un ensayo discuta estos dos puntos de vista muy distintos y justifique su propia filosofía sobre el caso.

_____

_____

_____

_____

_____

_____

_____

El arte de hablar: Serie de dibujos

Directions: You will now be asked to speak in Spanish about these pictures. Note that there are six pictures on the following pages. You will hear some instructions in Spanish. After these instructions, you will have two minutes to think about the pictures and two minutes to tell the story suggested by the pictures. Although you may spend more time describing what happens in some pictures than in others, be sure to talk about all of the pictures as you tell the story. In describing the pictures and the story they tell, you should use as much of the response time as possible. You will be scored not only for the appropriateness and grammatical correctness of your response, but also for the range of vocabulary, pronunciation, and overall fluency. If you hear yourself make an error as you are speaking, you should correct the error and continue speaking. Do not start your tape recorder until you are told to do so.

Instrucciones: Los dibujos que Ud. ve representan un cuento. Con la ayuda de ellos, trate usted de reconstruir esta historia.

Ahora empiece a pensar en los dibujos.

1

2

3

4

5

6

DIBUJO II

1

2

3

4

5

6

DIBUJO III

1

2

3

4

5

6

DIBUJO IV

1

2

3

4

5

6

El arte de hablar: Preguntas y respuestas

Directions: Now you will be asked to respond to a series of questions. Listen carefully to each question, since your score will be based on your comprehension of the questions, as well as the appropriateness, grammatical accuracy, and pronunciation of your response. You should answer each question as extensively and fully as possible. If you hear yourself make an error, you should correct the error. If you are still responding when you hear the speaker say, "Now we will go on to the next question," stop speaking and listen. Do not be concerned if your response is incomplete.

Instrucciones: Serie de preguntas. Esta parte consiste en una serie de preguntas basadas en un tema específico. Usted tendrá que responder lo más preciso posible. Hay que tener cuidado con la precisión de vocabulario y de gramática. Se repetirá cada pregunta dos veces. Está bien corregirse y no se preocupe si no termina su respuesta dentro de los veinte segundos para su respuesta. Espere el tono para empezar a responder. La primera pregunta es de práctica. Después habrá cinco preguntas más.

Serie de preguntas número uno: El tema de esta serie de preguntas es la comida.

CAPÍTULO II—LA MEDICINA

(Accidentes, emergencias, médicos, salud)

VOCABULARIO

acné (m)

adolescencia

adoptar

afectado

aguja hipodérmica

alcohol (m)

alergia

aliviarse

ambulancia

arruinar

aspirina

asustar

atender

ayuda

bacteria

cabeza

calmar

cáncer (m)

cara

caso

catarro

causa

causado

causar

célula

chocar

cicatriz (f)

consulta

consultar

contagiar

corazón (m)

crónico

cuerpo

cuidado

cura

curar

dentista (f, m)

desastroso

descansar

descanso

descuidado

desmayarse

dieta

diluvio

doctor (m)

doler

dolor (m)

dormido

dormir

drogas

embarazoso

emergencia

emocional

energía

enfermedad (f)

enfermero/a

enfermo

epidemia

espalda

especialista (f, m)

espinilla

estilo de vida

estirar

estrés (m)

experto

fallecer

fiebre (f)

frente (f)

fumar

glándula

grano

grasa

gripe (f)

higiene (f)

hipos

hombro

hormona

hospital (m)

huracán (m)

incapacidad (f)

insomnio

inyección (f)

jarabe (m)

linimento

médica

medicamento

medicina

mordisco

muela

muerto

nauseabundo

nervios

nódulo

paciente (f, m)

padecer

palpitar

pánico	recurrir	severo
pecho	reflejo	SIDA (m)
peligro	relajación (f)	síndrome (m)
picadura	relajar	síntoma (m)
piel (f)	remedio	sudoroso
poro	resfriado	sueño
prevenir	riesgo	temperatura
pronóstico	romper	terapeuta (f, m)
psicólogo	saliva	tila
pubertad (f)	salud (f)	tos (f)
pulso	sangrando	toser
quimioterapia	sanguíneo	tratamiento
quiste (m)	sebáceo	tumor (m)
radioterapia	sebo	varicela
recuperarse	servicio	vital

El arte de escuchar: Diálogos cortos

Instrucciones: Escuchará usted una serie de diálogos. Después de cada diálogo se le harán varias preguntas sobre lo que acaba de escuchar. Para cada pregunta elija la mejor respuesta de las cuatro opciones escritas en su libreta de examen.

NOW GET READY FOR THE DIALOGUE

1. a. De un catarro.
   b. De una gripe.
   c. De un infarto.
   d. Del amor.

2. a. Tiene un tirón en los hombros.
   b. Sus manos están sudorosas.
   c. Se tomó la temperatura.
   d. Su corazón palpita muy rápidamente.

3. a. Su esposa.
   b. Su médica.
   c. Su madre.
   d. Su novia.

4. a. Habrá comido algo malo.
   b. Salió con su novia anoche.
   c. Regresó muy tarde del restaurante.
   d. Sólo tiene síntomas de nervios.

5. a. Se siente nauseabundo.
   b. Se siente muy mal.
   c. No tiene síntomas precisos.
   d. Le duele un poco.

El arte de leer: Vocabulario

Instrucciones: Esta parte consiste en una serie de oraciones incompletas. Para cada una de las oraciones se ofrecen cuatro opciones para completarla. Elija la opción más apropiada.

1. Gabriel tiene fiebre, está resfriado, y tose. El médico dice que los síntomas le indican . . .
    a. la gripe.
    b. la terapeuta.
    c. la presión sanguínea.
    d. el psicólogo.

2. Cuando era niña, contraje . . .
    a. el pulmón.
    b. el pulso.
    c. la varicela.
    d. el tobillo.

3. ¡Pobre María! Se ha puesto muy pálida y sigue . . .
    a. utilizando.
    b. falleciendo.
    c. entrecerrando.
    d. sangrando.

4. El paciente se desmaya y las enfermeras no saben si deben . . . o llamar al doctor.
    a. revisarlo
    b. atenderlo
    c. detectarlo
    d. pasarlo

5. La tos no indica . . . que está muy enferma.
    a. valerosamente
    b. copiosamente
    c. necesariamente
    d. obstinadamente

6. . . . son los <u>siguientes</u>: la radioterapia y la quimoterapia.
    a. Las enfermedades
    b. Los tratamientos
    c. Las epidemias
    d. Los dolores

7. Hay . . . informativos que describen los servicios del hospital.
    a. síndromes
    b. riesgos
    c. folletos
    d. tumores

8. ¿Se contagia el SIDA por . . . de insectos, o un beso, o la saliva?
    a. las picaduras
    b. los pronósticos
    c. las ostras
    d. los mordiscos

9. Todos los pacientes son iguales; . . . mucho al ver la inyección hipodérmica.
    a. se divierten
    b. se acuestan
    c. se asustan
    d. se calman

10. Voy al dentista porque me duelen . . .
    a. las alergias.
    b. los linimentos.
    c. las muelas.
    d. los hipos.

El arte de leer: Grámatica

Instrucciones: En esta parte, usted debe elegir la palabra o frase que complete la oración correctamente.

1. Se me rompió . . . mano.
   - a. un
   - b. la
   - c. el
   - d. uno

2. El acné es el problema más embarazoso . . . los jóvenes.
   - a. que
   - b. a
   - c. para
   - d. de que

3. Estás hablando como si . . . un dolor de cabeza.
   - a. tienes
   - b. tuvieras
   - c. tengas
   - d. tendrías

4. Es seguro que no . . . bastante.
   - a. te entrenes
   - b. te hayas entrenado
   - c. te entrenas
   - d. te entrenases

5. Es importante que no usen el alcohol . . . otras drogas.
   - a. o
   - b. ni
   - c. e
   - d. a

6. No habría estado tan enfermo si no . . . demasiado.
   - a. había comido
   - b. hubiese comido
   - c. haya comido
   - d. he comido

7. . . . ambulancia que se ve a lo lejos llegará dentro de cinco minutos.
   - a. Esta
   - b. Aquella
   - c. Ese
   - d. Esa

8. No me gusta esta marca de aspirinas sino . . .
   - a. esta.
   - b. ésta.
   - c. esas.
   - d. estás.

9. No se . . . Ud.; el cáncer no se contagia.
   - a. preocupa
   - b. preocupará
   - c. preocupe
   - d. preocupado

10. Mientras no exista cura para el catarro, el descanso es . . . mejor remedio.
    - a. el
    - b. un
    - c. la
    - d. algún

El arte de leer: Gramática incorrecta

Instrucciones: En las siguientes oraciones, usted debe elegir la parte que hay que CAMBIAR para que cada oración sea gramaticalmente correcta.

1. Para <u>aliviarse</u> <u>del</u> estrés es importante que se coma bien y se <u>descansa</u> <u>bastante</u>.
       a   b   c   d

2. Los médicos recomiendan que los padres <u>se</u> <u>acuesten</u> a los niños a las ocho <u>de</u> la noche
                                   a   b   c
   y que <u>duerman</u> por por lo menos ocho horas.
        d

3. En esas salas de emergencia <u>se</u> <u>habla</u> español <u>e</u> inglés <u>debido</u> a la presencia de los
                                 a   b   c   d
   muchos hispanohablantes.

4. No <u>me</u> di cuenta <u>de que</u> mi mamá no <u>estuviera</u> de <u>buena</u> salud.
       a   b   c   d

5. ¡Ay! <u>Se me</u> <u>perdí</u> las llaves y tengo que <u>salir</u> inmediatamente <u>para</u> el hospital.
        a   b   c   d

6. Oí <u>por</u> <u>primer</u> vez las ideas básicas del nuevo plan y <u>una</u> es que "más vale prevenir
      a   b   c
   que <u>curar</u>."
       d

7. Señor Smith, cuando <u>viene</u> la enfermera <u>recibirá</u> <u>su</u> inyección; ¡<u>cálmese</u>!
                   a   b   c   d

8. Si <u>podía</u> hacer <u>cualquier</u> cosa, <u>les</u> <u>daría</u> a los pobres mucho dinero.
      a   b   c   d

9. <u>El</u> especialista se me acercó y <u>empezaba</u> <u>a hablar</u> sobre la importancia de estar <u>a</u>
   a   b   c   d
   dieta.

10. Diariamente, llegan más <u>de</u> <u>ciento</u> pacientes y el médico apenas <u>se quita</u> <u>la</u> chaqueta,
                          a   b   c   d
   cuando empieza a trabajar.

El arte de leer: Lectura

Instrucciones: Lea con cuidado cada uno de los pasajes siguientes. Cada pasaje va seguido de varias preguntas u oraciones incompletas. Elija la mejor respuesta o terminación, de acuerdo al pasaje.

Lectura I

"Por fin ese muchacho tan atractivo me invitó a salir al cine con él. Corro al armario a sacar lo mejor que tengo y en dos segundos me sitúo frente al espejo para decidir qué peinado me va y . . . ¡horror! descubro con pánico un desagradable grano que amenaza en medio de la frente con arruinar mi cara y mi cita".

5

Por lo general el acné va de la mano con la adolescencia. ¿Quién no ha pasado por ese calvario de los granos? El acné es el problema más común de la piel y se puede manifestar tanto en forma de puntos blancos o negros, como enormes granos rojos, que pueden causar cicatrices permanentes. La mayoría de las personas no

10 requieren ir al médico para su tratamiento.

El acné se relaciona directamente con las glándulas sebáceas. Existen cerca de 5.000 de estas glándulas que se distribuyen principalmente en la superficie de la piel de la cara, la espalda y el pecho. Durante la pubertad se aumenta la produc-

15 ción de ciertas hormonas que, a su vez, estimulan la producción de grasa o sebo en estas glándulas. Por razones que se desconocen, los conductos sebáceos se pueden tapar debido a la acumulación de grasa, de células muertas en la piel y de bacterias, dando lugar a los puntos blancos o negros. Cuando uno de los conductos se rompe sin que salga su contenido al exterior, produce una inflamación que causa

20 los quistes o nódulos, que, cuando son muy severos pueden causar cicatrices.

---

1. ¿Qué creía la narradora de su grano?
   a. Que estaba justamente entre sus ojos.
   b. Que le iba a arruinar una cita.
   c. Que se le iba a desaparecer pronto.
   d. Que le iba a dejar una cicatriz.

2. ¿A qué se debe el acné?
   a. Al chocolate entre otras cosas.
   b. A los quistes.
   c. A la adolescencia.
   d. A las glándulas sebáceas.

3. ¿Cuándo se manifiesta el acné?
   a. Sobre todo durante la pubertad.
   b. Casi siempre cuando una quiere prepararse para una fiesta.
   c. Cuando un adolescente lo espera menos.
   d. Cuando hay una inflamación en la piel de la cara.

4. Según este artículo, ¿cuándo puede formarse un grano?
   a. Cuando los conductos sebáceos se tapan de grasa.
   b. Cuando los cosméticos bloquean los poros.
   c. Cuando uno toma ciertas medicinas.
   d. Cuando uno tiene muchas cicatrices.

5. Sobre todo, ¿qué se debe entender del acné?
   a. Existe en todas partes del cuerpo.
   b. Requiere tratamiento médico.
   c. Es algo natural y uno no debe preocuparse por él.
   d. Es producto de una higiene descuidada.

Lectura II

Uno empieza a dar vueltas y más vueltas, ahueca la almohada, estira las sábanas, pone orden en la cama como si ese fuera el problema de que no pueda pegar ojo. Y nada, el sueño no llega. Incluso se pone a contar ovejas, o vacas, o cualquier animal capaz de saltar la vallita. Pero acaba con todo el rebaño y sigue
5 igual de despejado. Si en medio de esa lucha reconoce que lo que no le deja dormir es el café de la cena, el hecho de que mañana tenga un viaje o un examen que pasar, entonces no debe desesperarse.

Porque de cada tres adultos, uno ha tenido problemas para dormir, ya sea para
10 lograr conciliar el sueño o permanecer dormido las horas necesarias. A esto se le conoce como insomnio.

Al margen de que usted sea una persona acostumbrada a dormir mucho o poco, lo cierto es que si no duerme lo suficiente puede disminuir su habilidad para traba-
15 jar, perder la rapidez de sus reflejos (por ejemplo cuando maneja), y verse afectada su capacidad intelectual y de concentración. Y, por supuesto, no se sentirá bien. Cuando el caso es severo, debe consultar a un médico, ya que la falta de sueño puede llevar al uso inadecuado de medicinas e incluso al alcohol u otras drogas que pueden aumentar el problema o convertirlo en crónico.
20

Cualquier actividad que le relaje puede ayudarle a conciliar el sueño. Por ejemplo, tomar un baño caliente o perfumado, oscurecer la habitación y poner una música suave, si le gusta. También ayuda tomarse un vaso de leche caliente o un té de tila. Existen técnicas de relajación, como la meditación, que también puede utilizar
25 para conciliar el sueño. Sólo si nada de esto le funciona, puede recurrir a alguna medicina. En cualquier caso, es mejor si consulta antes al doctor.

1. ¿Cuáles son unos síntomas del insomnio?
   a. No lograr poner la cama en orden.
   b. No seguir dormido las horas necesarias.
   c. Contar todos los animales sin conciliar el sueño.
   d. Desear tomar café antes de acostarse.

2. ¿Por qué no debe preocuparse uno cuando no duerme bien?
   a. Por que uno de cada tres adultos padece del insomnio.
   b. Por que hay ayuda al consultar al médico.
   c. Por que hay muchas actividades que pueden relajarlo.
   d. Por que uno siempre puede contar ovejillas.

3. ¿Qué se debe hacer si el insomnio es severo?
   a. Se debe tomar leche.
   b. Se debe tomar algún tranquilizante.
   c. Uno debe levantarse para hacer ejercicio físico.
   d. Se debe consultar al médico.

4. ¿Cuál es uno de los efectos más desastrosos que produce la falta de sueño?
   a. la incapacidad de pegar ojo.
   b. la necesidad de consultar a algún médico.
   c. la reducción de la capacidad de pensar.
   d. el deseo de tomar alcohol u otras drogas.

5. ¿Cuál de los siguientes remedios no se recomienda?
   a. Mirar un programa cómico de televisión.
   b. Tomar un vasito de leche tibia.
   c. Escuchar música ligera.
   d. Usar algún medicamento.

Instrucciones: Lea usted el pasaje siguiente. Luego escriba en la línea a continuación de cada número la forma de la palabra entre paréntesis que se necesita para completar el pasaje de manera lógica y correcta. Para recibir crédito, tiene que escribir y acentuar la palabra correctamente. Debe usted escribir UNA SOLA palabra en cada línea. Es posible que la palabra sugerida no requiera cambio alguno. Escriba la palabra en la línea aun cuando no sea necesario ningún cambio.

Pero, ¿realmente necisitamos dormir? Los expertos dicen que sí. ____(1)____ ____(2)____ teorías del porqué. Una de ellas se ____(3)____ a la necesidad del cuerpo, de "____(4)____". Las horas necesarias de sueño son ____(5)____ para cada persona; como promedio, se ____(6)____ entre 7 y 9 horas ____(7)____, lo importante es cómo se ____(8)____ la persona. Entre las causas más ____(9)____ del insomnio se ____(10)____: factores de estilo de vida, como fumar, tomar café o bebidas que ____(11)____ cafeína, el alcohol, los cambios en el horario de trabajo, desorientación causada por cambios bruscos de horario cuando se viaja de un país a otro.

1. _____ (haber)

2. _____ (vario)

3. _____ (referir)

4. _____ (recuperarse)

5. _____ (distinto)

6. _____ (requerer)

7. _____ (diario)

8. _____ (sentir)

9. _____ (común)

10. _____ (hallar)

11. _____ (contener)

El arte de escribir: Verbos

Instrucciones: En cada una de las siguientes oraciones, se ha omitido un verbo. Complete usted cada oración escribiendo en la línea numerada la forma y el tiempo correctos del verbo entre paréntesis. Es posible que haga falta más de una palabra. En todo caso usted debe usar un tiempo del verbo entre paréntesis.

1. El policía se me acercó, me tocó el hombro, y me ____(1)____ la información.

1. _____ (pedir)

2. El joven manejaba por las montañas cuando de repente ____(2)____ con un árbol.

2. _____ (chocar)

3. Si Juan fumara menos, ____(3)____ más energía.

3. _____ (tener)

4. En cuanto los padres ____(4)____, preparad vosotros el almuerzo.

4. _____ (llegar)

5. La policía nos ha ____(5)____ una multa.

5. _____ (imponer)

6. El detective le pide al testigo que ____(6)____ fotos del accidente.

6. _____ (sacar)

7. Si Marta ____(7)____ el coche, no habría tenido los problemas.

7. _____ (arreglar)

8. Será imposible que todos los visitantes ____(8)____ todas las señales de tráfico.

8. _____ (respetar)

9. A él no le ____(9)____ las aspirinas ni el jarabe; y no los toma.

9. _____ (gustar)

10. Buenos días, Sr. Arboleda. ____(10)____. ¿Quiere sentarse aquí?

10. _____ (Pasar)

El arte de escribir: Ensayos

Instrucciones: Escriba EN ESPAÑOL un ensayo claramente expuesto y organizado sobre el siguiente tema. Se calificará su trabajo teniendo en cuenta la precisión y riqueza del vocabulario, la precisión gramatical y la organización. El ensayo debe tener una extensión mínima de 200 palabras.

Ensayo I: Los peligros vitales

Hay muchos peligros en la vida y tenemos que tomar muchas decisiones para evitarlos. Muchas veces no podemos evitarlos. Peligros como las drogas, la violación, el SIDA y el abuso son sólo algunos de los problemas con los que nos podríamos enfrentar. Discuta uno o dos de los problemas que le preocupan más y las medidas que ha tenido que adoptar para disminuir la posibilidad de su ocurrencia.

_____

_____

_____

_____

Ensayo II: El "estrés"

En un ensayo describa las ocasiones en las que Ud. siente el mayor "estrés". Explique lo que hace para aliviarse del "estrés" y cómo Ud. actúa cuando se encuentra bajo mucha presión emocional.

_____

_____

_____

_____

Ensayo III: Las emergencias

Las emergencias vienen en muchas formas distintas. Hay emergencias médicas, emergencias naturales como huracanes y diluvios, emergencias inmediatas como cuando a uno se le pierden las llaves y no puede entrar en su casa, etc. En un ensayo describa la última emergencia que tuvo Ud. o su familia.

_____

_____

_____

_____

El arte de hablar: Serie de dibujos

Directions: You will now be asked to speak in Spanish about these pictures. Note that there are six pictures on the following pages. You will hear some instructions in Spanish. After these instructions, you will have two minutes to think about the pictures and two minutes to tell the story suggested by the pictures. Although you may spend more time describing what happens in some pictures than in others, be sure to talk about all of the pictures as you tell the story. In describing the pictures and the story they tell, you should use as much of the response time as possible. You will be scored not only for the appropriateness and grammatical correctness of your response, but also for the range of vocabulary, pronunciation, and overall fluency. If you hear yourself make an error as you are speaking, you should correct the error and continue speaking. Do not start your tape recorder until you are told to do so.

Instrucciones: Los dibujos que Ud. ve representan un cuento. Con la ayuda de ellos, trate usted de reconstruir esta historia.

Ahora empiece a pensar en los dubujos.

DIBUJO I

1

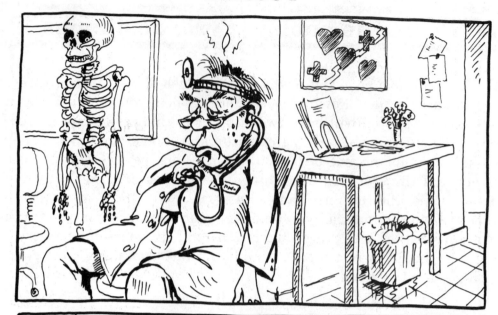

2

3

El arte de hablar: Preguntas y respuestas

Directions: Now you will be asked to respond to a series of questions. Listen carefully to each question, since your score will be based on your comprehension of the questions, as well as the appropriateness, grammatical accuracy, and pronunciation of your response. You should answer each question as extensively and fully as possible. If you hear yourself make an error, you should correct the error. If you are still responding when you hear the speaker say, "Now we will go on to the next question," stop speaking and listen. Do not be concerned if your response is incomplete.

Instrucciones: Serie de preguntas. Esta parte coniste en una serie de preguntas basadas en un tema específico. Usted tendrá que responder lo más preciso posible. Hay que tener cuidado con la precisión de vocabulario y de gramática. Se repetirá cada pregunta dos veces. Está bien corregirse y no se preocupe si no termina su respuesta dentro de los veinte segundos para su respuesta. Espere el tono para empezar a responder. La primera pregunta es de práctica. Después habrá cinco preguntas más.

Serie de preguntas número uno: El tema de esta serie de preguntas es la medicina.

VOCABULARIO

abeja	biodegradable	conservación (f)
acampar	biológico	conservar
agua (f)	bosque (m)	contaminante (m)
aire (m)	brújula	cordillera
ajolote (m)	bucear	cosecha
alimentar	cachorro	cuerda
alimento	caimán (m)	desarrollo
alpino	camada	descolgar
alpinista (f, m)	caminata	descomponer
alrededor de	camino	detergente (m)
ambiental	campamento	ecólogo
ambiente (m)	campaña	económico
animal (m)	campo	ecosistema (m)
anochecer (m)	cascada	energía
año	caza	ensuciar
apoyo	cazar	escombro
árbol	cerca	estación (f)
ave (f)	ciclón (m)	estrella
avestruz (m)	ciervo	fauna
basura	cocina portátil	flor (f)
belleza	colchón (m)	fósforo
bello	colmena	frío
bicho	conejo	fuente (f)

fuera

gardenia

gato

gobierno

gorila

guardabosques (m)

hamaca

huella

invierno

jardín (m)

jaula

lago

lazo

leña

león (m)

leopardo

lindo

linterna

llover

loro

lumbre (f)

mapa (m)

matador (m)

meteorólogo

miel (f)

mochila

montaña

mosca

natural

naturaleza

naturalmente

nevoso

nieve (f)

noche (f)

nuez (f)

nutritivo

oler

olfato

oso

paisaje (m)

parque (m)

parrillada

pez (m)

picar

piedra

planeta (m)

playa

prender

preservación (f)

preservar

primavera

reciclado

relámpago

ruido

salvaje

salvar

selva

tecnológico

tempestad (f)

tiempo

tienda de campaña

tierra

tigre (m)

tormenta

toro

tortuga

tropical

trópico

trueno

urbano

volar

zoólogo

zorro

zumbar

Instrucciones: Ahora escuchará una serie de narraciones. Después de cada narración se le harán varias preguntas sobre lo que acaba de escuchar. Para cada pregunta elija la mejor respuesta de las cuatro opciones escritas en su libreta de examen.

NOW GET READY FOR THE NARRATIVE.

1. a. Se puso su vestido favorito.
    b. Empezó a leer un cuento.
    c. Sus padres creyeron que se había vuelto loca.
    d. Se puso guantes y abrió su paraguas.

2. a. Creía que los dioses estaban enfadados.
    b. Le parecía que el mundo se iba a acabar.
    c. Creía que los dioses jugaban a bolas.
    d. Pensaba que era el otoño.

3. a. Leyó un cuento.
    b. Se ponía ropa según el tiempo que deseaba.
    c. Salía para jugar con sus amigos.
    d. Llevaba sus medias favoritas.

4. a. Es más vieja y sabia.
    b. No quiere leer más cuentos.
    c. Se da cuenta que imaginar el tiempo es crearlo.
    d. Sabe que el tiempo es su amigo y compañero.

5. a. Lo deja en paz porque no lo puede controlar.
    b. Piensa que es culpable de toda su mala suerte.
    c. Todavía no le tiene respeto.
    d. Le tiene mucho miedo y no sale de casa a menudo.

6. a. Puso marcha una tormenta fuerte.
    b. No lo pudo terminar.
    c. Felicitó al autor por su cuento tan informativo.
    d. Tuvo la satisfacción de terminar el cuento.

El arte de leer: Vocabulario

Instrucciones: Esta parte consiste en una serie de oraciones incompletas. Para cada una de las oraciones se ofrecen cuatro opciones para completarla. Elija la opción más apropiada.

Sección I

1. Vamos al campo a hacer . . . ; nos gusta mucho la comida así.
   - a. un compromiso
   - b. un bosque
   - c. una parrillada
   - d. una respuesta

2. Con la mochila salimos para las montañas para . . .
   - a. dispara.
   - b. acampar.
   - c. patinar.
   - d. bucear.

3. Oíamos los ruidos espantosos de la noche por todas partes. . . .
   - a. ¡Qué suerte!
   - b. ¡Qué dulce!
   - c. ¡Qué susto!
   - d. ¡Qué agradable!

4. Casi todo salió mal; fue un . . . día.
   - a. pésimo
   - b. gustoso
   - c. tranquilo
   - d. agradable

5. Cuatro personas pueden vivir en . . . de campaña.
   - a. esta linterna
   - b. esta cocina portátil
   - c. esta tienda
   - d. esta cuerda

6. ¡Qué magnífica noche al aire libre! . . . mucho.
   - a. Nos divertimos
   - b. Nos aburrimos
   - c. Nos regañamos
   - d. Nos quejamos

7. Si te gusta . . . de los animalitos alrededor de tu casa, puedes dormirte debajo de las estrellas.
   - a. olvidar
   - b. tratar
   - c. gozar
   - d. acabar

8. Aunque las estrellas están brillando, no podemos ver porque la linterna está . . .
   - a. despejada.
   - b. descompuesta.
   - c. nubosa.
   - d. pegada.

9. Mi hermana me . . . porque estaba roncando.
   - a. invitó a quedarme
   - b. echó a patadas
   - c. dio un beso
   - d. tejió un suéter

10. Todo pasó bien y los padres estaban . . .
    - a. desmayándose.
    - b. sonriendo.
    - c. gritándose.
    - d. discutiendo.

Sección II

1. Me impresiona mucho este territorio porque tiene mucha . . .
   - a. especie.
   - b. hamaca.
   - c. fauna.
   - d. jaula.

2. Los niños dan . . . por el bosque.
   - a. una caminata
   - b. una línea
   - c. una florista
   - d. una selva

3. En las regiones alpinas se puede encontrar las mejores . . . de esquí.
   - a. cascadas
   - b. pistas
   - c. mochilas
   - d. cuerdas

4. Por el invierno, hace un frío que . . . todo en la cordillera.
   - a. calienta
   - b. brinda
   - c. cosecha
   - d. hiela

5. Es muy importante proteger y . . .
nuestra naturaleza.
 a. escalar   c. silbar
 b. salvar   d. anochecer

6. Victor y Pedro le llenan la mochila con
piedras a su hermanito y éste se enoja
poco a poco, . . ., está muy descontento.
 a. es decir   c. a tono con
 b. por sistema d. debe ser

7. No es un animal peligroso, sino un
ruido típico de la noche. . . .
 a. ¡No te rías! c. ¡No te asustes!
 b. ¡No te hagas daño! d.¡No te burles!

8. Se puede . . . en las montañas.
 a. bucear   c. planchar
 b. cazar   d. zumbar

9. Para proteger las selvas tropicales, es
importante ser más . . .
 a. ecológico. c. excesivo.
 b. ruinoso.   d. contaminante.

10. Después del paseo tonificante, los
jóvenes estaban . . .
 a. grabando. c. vigilando.
 b. sudando. d. llevando.

Sección III

1. ¡Se prohíbe . . . a los osos por aquí!
 a. salvar   c. pelear
 b. disparar   d. engañar

2. "¡Salve el planeta!", es un . . . mundial
muy conocido.
 a. vidrio   c. trono
 b. lema   d. lazo

3. Los tigres, los leones, y los leopardos
son animales . . .
 a. heridos.   c. domesticados.
 b. manchados. d. salvajes.

4. Mi abuelo tenía muchas . . . y siempre
comíamos miel con nuestras tostadas.
 a. parilladas c. colmenas
 b. cercas   d. cosechas

5. Existen varias especies de animales en
. . . de extinción.
 a. geógrafo   c. ecosistemas
 b. peligro   d. esfuerzo

6. Ha sido . . . por los años entre el tigre y
el león para ser "El Rey de la Selva".
 a. una jornada c. un domicilio
 b. una contesta d. una lucha

7. Ponen trampas en la selva para . . . los
animales.
 a. coger   c. descolgar
 b. soltar   d. zumbar

8. Aunque . . . habla, no quiero comprarlo.
 a. el bicho   c. el loro
 b. el conejo   d. el caimán

9. El toro dio . . . al matador durante la
corrida.
 a. una incidencia c. una puntada
 b. una capa   d. una cornada

10. Mira, María, puedes ver . . . de un
ciervo en la nieve. Anduvo muy cerca de
nuestra casa, ¿no?
 a. las paladas c. las pajas
 b. las charcas d. las huellas

Sección IV

1. Me fascinan . . . porque pueden vivir en la tierra y en el agua.
   - a. los ciervos
   - b. los ajolotes
   - c. los peces
   - d. los conejos

2. Mi gatito no puede andar bien. Tiene . . . herida.
   - a. una pata
   - b. una mano
   - c. una pierna
   - d. una oreja

3. El perro había perdido su olfato y su dueño lo llevó . . .
   - a. al policía.
   - b. al periodista.
   - c. al veterinario.
   - d. al bombero.

4. La perra, con la lengua fuera, está muy orgullosa de sus "hijos"; los cinco . . .
   - a. cachorros.
   - b. patitos.
   - c. terneros.
   - d. cabritos.

5. Debajo de un sillón, Amelia descubrió . . . de gatitos; por lo menos seis recién nacidos.
   - a. una mercancía
   - b. un huerto
   - c. una camada
   - d. un mordisquito

6. Luisa le dice a su madre que limpió bien su cuarto pero, en realidad, no ha hecho nada. Luisa está . . .
   - a. haciendo todo lo posible.
   - b. dando gato por liebre.
   - c. dando una fiesta.
   - d. trabándose la lengua.

7. En los jardines zoológicos, los osos viven en . . .
   - a. las selvas.
   - b. las fuentes.
   - c. los rebaños.
   - d. las jaulas.

8. Se usa . . . para limpiar el suelo.
   - a. una bayeta
   - b. una olla
   - c. un abrelatas
   - d. una plancha

9. Hay manchas por todas partes de la alfombra y es muy difícil . . .
   - a. despedirlas.
   - b. regarlas.
   - c. quitarlas.
   - d. prenderlas.

10. Si la joven no arregla su cuarto, va a perder algunas . . .
   - a. excepciones.
   - b. regalías.
   - c. desventajas.
   - d. calzadas.

El arte de leer: Gramática

Instrucciones: En esta parte, usted debe elegir la palabra o frase que complete la oración correctamente.

1. Querían que . . . buen tiempo porque tenían ganas de ir a la playa.
   - a. hiciera
   - b. hizo
   - c. hacía
   - d. hace

2. . . . mejor es un día nevoso en que puedo ponerme la chaqueta, las botas, y los guantes y jugar en la nieve.
   - a. La
   - b. Un
   - c. Lo
   - d. Uno

3. Tengo miedo de las tempestades con mucho relámpago y trueno y sobre . . . no tengo ningún control.
   - a. los que
   - b. que
   - c. las cuales
   - d. cuales

4. Visitábamos a nuestro abuelo y su colección de colmenas . . . sábados. Nos fascinaban mucho.
   - a. en
   - b. los
   - c. en los
   - d. cada

5. Hacía diez años que no . . . en las montañas.
   - a. acampamos
   - b. acampábamos
   - c. hemos acampado
   - d. acamparemos

6. El especialista anunció que se encuentran casi . . . osos en el bosque.
   - a. ciento
   - b. treinta y uno
   - c. doscientas
   - d. cuatrocientos

7. Empezar ahora mismo a salvar nuestro planeta es . . .
   - a. la importancia.
   - b. el importante.
   - c. lo importante.
   - d. la importante.

8. Es mejor que no compres un perro . . . Debes investigar las varias razas.
   - a. cualquier.
   - b. quieres.
   - c. cualquiera.
   - d. quieras.

9. Juanito descubrió una camada de cachorros y . . . escondió debajo de la cama.
   - a. la
   - b. las
   - c. le
   - d. les

10. Hay manchas por todas partes y a causa de . . . mi mamá va a matarme.
    - a. las
    - b. ellos
    - c. los
    - d. ellas

El arte de leer: Gramática incorrecta

Instrucciones: En las siguientes oraciones, usted debe elegir la parte que hay que CAMBIAR para que cada oración sea gramaticalmente correcta.

1. Si el meteorólogo <u>hubiera</u> <u>predicho</u> la nieve, no <u>habíamos</u> salido <u>de</u> la casa.
   a   b   c   d

2. <u>Hace falta</u> que <u>cambiamos</u> nuestros hábitos para que <u>salvemos</u> <u>nuestro</u> planeta.
   a   b   c   d

3. Elena <u>se puso</u> enferma después de que <u>se diera</u> una caminata <u>por</u> las montañas <u>el</u>
         a   b   c   d
   lunes.

4. Jaime <u>está</u> ansioso de tanto <u>esperando</u> la llegada de la primavera y no puede
         a   b
   <u>concentrar</u> la atención <u>en</u> los estudios.
   c   d

5. Sí, Vicente, es verdad que <u>mi</u> mamá siempre <u>quiere</u> que <u>llevo</u> las rodilleras cuando
                              a   b   c
   <u>estoy</u> patinando.
   d

6. Es importante que la gente <u>evite</u> <u>a</u> alimentar los animales mientras <u>pasa</u> <u>por</u> el parque.
                              a   b   c   d

7. Los alpinistas <u>acamparon</u> <u>para</u> dos semanas sin <u>llamar</u> <u>por</u> teléfono a sus familias.
                  a   b   c   d

8. Señor Guardabosques, <u>ningún</u> oso <u>no</u> nos <u>ha visitado</u> todavía, sin embargo seguimos
                        a   b   c
   <u>esperándolos</u>.
   d

9. Más allá de la red <u>de</u> alambre <u>está</u> el gorila <u>de quien</u> el zoólogo estaba <u>hablándote</u>.
                      a   b   c   d

10. <u>Hace</u> diez años <u>que</u> los chicos <u>iban</u> a acampar <u>sin que</u> las mochilas y los colchones
    a   b   c   d
    inflables.

El arte de leer: Lectura

Instrucciones: Lea con cuidado cada uno de los pasajes siguientes. Cada pasaje va seguido de varias preguntas u oraciones incompletas. Elija la mejor respuesta o terminación, de acuerdo al pasaje.

Lectura I

El programa para la Conservación de Ecosistemas en el Beni, un ejemplo de planificación regional para la conservación y el desarrollo, es el resultado del compromiso a largo plazo entre la conservación por parte de un grupo de instituciones bolivianas, el pueblo del Beni y la Conservación Internacional, una organización sin fines de lucro con sede en Washington, D.C.

La conservación del ambiente, tal como se la entiende actualmente en Bolivia, es cosa muy reciente. Por muchos años y diversas razones, este país tan rico en recursos biológicos quedó al margen de los planes y las agendas de las grandes organizaciones dedicadas a la conservación. En 1985, un grupo de bolivianos y algunas organizaciones internacionales, entre ellas la Estación Biológica de Doñana, Nature Conservancy y, más tarde, la Conservación Internacional, decidieron iniciar esfuerzos multidisciplinarios serios para la preservación de los ecosistemas naturales de la región.

El Programa para la Conservación de Ecosistemas del Beni se inició con la premisa básica de que la conservación ha de ir de la mano con el desarrollo. Se le dio una consideración importante al concepto de que la conservación a largo plazo en los trópicos sólo tendrá éxito cuando se cumplan tres condiciones: que las instituciones nacionales asuman la dirección y la responsabilidad; que se usen eficientemente los conocimientos locales, y que se tomen en cuenta las necesidades humanas. En este contexto, las instituciones internacionales desempeñan papeles específicos como proveedoras del elemento catalizador de la ayuda técnica y financiera.

1. ¿Cómo se caracteriza la historia de la protección ambiental en Beni?
    a. Es algo nuevo.
    b. No tiene importancia todavía.
    c. Ha existido por muchos años en Bolivia.
    d. No tiene atención internacional.

2. ¿De qué es un buen ejemplo este programa de planificación regional?
    a. De la cooperación entre distintos intereses locales.
    b. Del compromiso entre el desarrollo y la conservación.
    c. De la intervención internacional en conflictos nacionales.
    d. Del progreso ambiental debido al apoyo industrial.

3. ¿A qué se debe la iniciativa de este programa?
    a. A la cooperación de varias organizaciones nacionales e internacionales.
    b. Al ímpetu del gobierno boliviano.
    c. A la necesidad de proteger el medioambiente de Bolivia.
    d. A los esfuerzos de los habitantes del Beni.

4. ¿Cuál de las siguientes declaraciones no es uno de los conceptos principales?
    a. Hay que tomar en cuenta conocimientos locales para el éxito de la conservación en las zonas trópicales.
    b. Los grupos internacionales deben ser proveedores de iniciativa técnica y financiera.
    c. Las necesidades humanas deben ser consideradas.
    d. Las instituciones nacionales debe encargarse del mando de los programas.

Lectura II

Había una vez en una colmena una abeja que no quería trabajar. Es decir, recorría los árboles uno por uno para tomar el jugo de las flores; pero en vez de conservarlo para convertirlo en miel, se lo tomaba del todo.

Era pues, una abeja haragana. Todas las mañanas, apenas el sol calentaba el aire, la abejita se asomaba a la puerta de la colmena, veía que hacía buen tiempo, se peinaba con las patas, como hacen las moscas, y echaba entonces a volar, muy contenta del lindo día. Zumbaba muerta de gusto de flor en flor, entraba en la colmena, volvía a salir, y así se lo pasaba todo el día, mientras las otras abejas se mataban trabajando para llenar la colmena de miel, porque la miel es el alimento de las abejas recién nacidas.

Como las abejas son muy serias, comenzaron a disgustarse con el proceder de la hermana haragana. En la puerta de las colmenas hay siempre unas cuantas abejas que están de guardia para cuidar que no entren bichos en la colmena. Estas abejas suelen ser muy viejas, con gran experiencia de la vida, y tienen el lomo pelado porque han perdido todos los pelos de rozar contra la puerta de la colmena.

Un día, pues, detuvieron a la abeja haragana cuando iba a entrar, diciéndole:
— Compañera: es necesario que trabajes, porque todas las abejas debemos trabajar.

La abejita contestó:
— Yo ando todo el día volando, y me canso mucho.

— No es cuestión de que te canses mucho — respondieron — sino de que trabajes un poco. Es la primera advertencia que te hacemos.

Y diciendo así la dejaron pasar.

1. ¿Cuál de las siguientes declaraciones mejor describe la abeja haragana?
    a. Es frívola porque recorre los árboles y las flores.
    b. Es seria como las otras pero no quiere trabajar.
    c. Es egoísta; no quiere preparar la miel para la colmena.
    d. Es frágil porque no puede volar mucha distancia.

2. ¿Cuándo demuestra que es vanidosa la abeja haragana?
   a. Cuando se peina como las moscas.
   b. Cuando contesta las advertencias fuertes de las otras abejas.
   c. Al regresar cansada por la noche a la lumbre de la colmena.
   d. Al ponerse a volar temprano por las mañanas bonitas.

3. ¿Por qué siempre está de guardia un grupo de abejas?
   a. Buscan abejas de colmenas enemigas.
   b. No quieren que entren abejas que no trabajan.
   c. Así pueden darles consejos a sus compañeras.
   d. Para impedir que entren otros insectos.

4. ¿Cómo se sabe que las abejas de guardia son viejas?
   a. Les dan mucha atención a las abejas jóvenes.
   b. No les gustan las abejas jóvenes y frívolas.
   c. Han perdido muchos pelos.
   d. Pueden reconocer las abejas perezosas.

5. ¿Qué le exigen las otras abejas a la abeja perezosa?
   a. Le sugieren que no atraiga tantos bichos a la colmena.
   b. Le aconsejan que descanse más.
   c. Le advierten que vuele menos y trabaje más.
   d. Le recomiendan que sea como las otras abejas trabajadoras.

6. ¿Por qué esta vez dejan las abejas de guardia que entre a la colmena la abeja haragana?
   a. Son viejas y no tienen la energía de negarle paso.
   b. La abeja haragana ha vuelto muy cansada de otro viaje.
   c. Necesita otra abeja para trabajar.
   d. Es sólo la primera advertencia.

El arte de escribir: Vocabulario

Instrucciones: Lea usted el pasaje siguiente. Luego escriba en la línea a continuación de cada número la forma de la palabra entre paréntesis que se necesita para completar el pasaje de manera lógica y correcta. Para recibir crédito, tiene que escribir y acentuar la palabra correctamente. Debe usted escribir UNA SOLA palabra en cada línea. Es posible que la palabra sugerida no requiera cambio alguno. Escriba la palabra en la línea aun cuando no sea necesario ningún cambio.

Sección I

A veces ____(1)____ el medio ambiente ____(2)____ cambiar ____(3)____ hábitos. Por ejemplo, se ____(4)____ utilizar detergentes y suavizantes que ____(5)____ material ____(6)____. Los envases son reciclables, y los agentes ____(7)____ son ____(8)____. (Se ____(9)____ naturalmente.) Además, las nuevas fórmulas concentradas favorecen también al entorno por emplear menos materia ____(10)____.

1. _____ (cambiar)

2. _____ (implicar)

3. _____ (nuestro)

4. _____ (poder)

5. _____ (utilizar)

6. _____ (reciclado)

7. _____ (limpiador)

8. _____ (biodegradable)

9. _____ (descomponer)

10. _____ (primo)

Sección II

¡Coma y salve ____(1)____ planeta! podría ser el lema para el helado nutritivo *Rainforest Crunch*. Porque cada vez que Ud. consuma ____(2)____ cajita de ____(3)____ nueces ayudará a preservar los árboles que ____(4)____ estos frutos en la selva del Brasil. Si los árboles fueran ____(5)____, ya no ____(6)____ una razón para cortarlos. Y el 60% del dinero ____(7)____ se ____(8)____ a preservar los bosques. Ud. puede ordenarlo por correo ____(9)____ al número de teléfono de la compañía.

1. _____ (nuestro)

2. _____ (un)

3. _____ (este)

4. _____ (dar)

5. _____ (rentable)

6. _____ (haber)

7. _____ (recaudado)

8. _____ (destinar)

9. _____ (llamar)

El arte de escribir: Verbos

Instrucciones: Lea usted el pasaje siguiente. Luego escriba en la línea a continuación de cada número la forma de la palabra entre paréntesis que se necesita para completar el pasaje de manera lógica y correcta. Para recibir crédito, tiene que escribir y acentuar la palabra correctamente. Debe usted escribir UNA SOLA palabra en cada línea. Es posible que la palabra sugerida no requiera cambio alguno. Escriba la palabra en la línea aun cuando no sea necesario ningún cambio.

1. ¿Qué tiempo ____(1)____ la semana que viene? ¿Es posible que nieve o llueva?

2. El termómetro se ha ____(2)____.

3. Anoche María y Tomás ___(3)____ por las montañas para ver más del paisaje.

4. ____(4)____ la una de la mañana cuando empezó a llover.

5. No ____(5)____ de la casa; no ves que llueve y hay relámpagos.

6. Paca y Jorge hablan como si ____(6)____ en una isla del Caribe.

7. Han ____(7)____ muchas personas a causa del ciclón.

8. Los zorros vienen ____(8)____ por el bosque.

9. ¿Qué habrías hecho si la abeja te ____(9)____ picado.

10. Me gustaba visitar a mi abuelita y ____(10)____ las gardenias en su jardín.

1. _____ (hacer)

2. _____ (romper)

3. _____ (andar)

4. _____ (Ser)

5. _____ (salir)

6. _____ (estar)

7. _____ (morir)

8. _____ (correr)

9. _____ (haber)

10. _____ (oler)

El arte de escribir: Ensayos

Instrucciones: Escriba EN ESPAÑOL un ensayo claramente expuesto y organizado sobre el siguiente tema. Se calificará su trabajo teniendo en cuenta la precisión y riqueza del vocabulario, la precisión gramatical y la organización. El ensayo debe tener una <u>extensión mínima de 200 palabras.</u>

Ensayo I: La ciudad

En nuestra sociedad los grandes centros urbanos se han encontrado bajo ataque por sus problemas socio-económicos. Sin embargo, hay muchos que encuentran muchos ejemplos de belleza en nuestras ciudades. En un ensayo escriba sobre lo bueno y lo malo y lo bello y lo feo que Ud. encuentra en las ciudades más grandes del mundo.

Ensayo II: El problema de la basura

Cuando uno viaja por los Estados Unidos ve mucha basura y escombros al lado de los caminos. A pesar de rótulos que anuncian multas por echar cosas desde los coches, el público norteamericano sigue cerrando los ojos ante esta desgracia que ensucia nuestro paisaje. Escriba una carta a un representante o senador, protestando sobre esto y ofreciendo ideas para remediar la situación.

Ensayo III: Las tormentas

Describa cómo se siente Ud. durante una tormenta. En un ensayo sobre una experiencia personal considere las características de la tormenta, su propio comportamiento y su reacción emocional. Debe tratar el ensayo como si estuviera escribiendo en su diario personal.

Directions: You will now be asked to speak in Spanish about these pictures. Note that there are six pictures on the following pages. You will hear some instructions in Spanish. After these instructions, you will have two minutes to think about the pictures and two minutes to tell the story suggested by the pictures. Although you may spend more time describing what happens in some pictures than in others, be sure to talk about all of the pictures as you tell the story. In describing the pictures and the story they tell, you should use as much of the response time as possible. You will be scored not only for the appropriateness and grammatical correctness of your response, but also for the range of vocabulary, pronunciation, and overall fluency. If you hear yourself make an error as you are speaking, you should correct the error and continue speaking. Do not start your tape recorder until you are told to do so.

Instrucciones: Los dibujos que Ud. ve representan un cuento. Con la ayuda de ellos, trate usted de reconstruir esta historia.

Ahora empiece a pensar en los dibujos.

DIBUJO I

1

2

3

4

5

6

1

2

3

4

5

6

DIBUJO III

1

2

3

4

CRAS
CRAS

5

6

El arte de hablar: Preguntas y respuestas

Directions: Now you will be asked to respond to a series of questions. Listen carefully to each question, since your score will be based on your comprehension of the questions, as well as the appropriateness, grammatical accuracy, and pronunciation of your response. You should answer each question as extensively and fully as possible. If you hear yourself make an error, you should correct the error. If you are still responding when you hear the speaker say, "Now we will go on to the next question," stop speaking and listen. Do not be concerned if your response is incomplete.

Instrucciones: Serie de preguntas. Esta parte consiste en una serie de preguntas basadas en un tema específico. Usted tendrá que responder lo más preciso posible. Hay que tener cuidado con la precisión de vocabulario y de gramática. Se repetirá cada pregunta dos veces. Está bien corregirse y no se preocupe si no termina su respuesta dentro de los veinte segundos para su respuesta. Espere el tono para empezar a responder. La primera pregunta es de práctica. Después habrá cinco preguntas más.

Serie de preguntas número uno: El tema de esta serie de preguntas son los avances tecnológicos.

CAPÍTULO IV—LOS VIAJES

(Aeropuerto, caminos, medios de transporte)

VOCABULARIO

abordar	borrascoso	cultura
abrochar	bote (m)	delta
actividad (f)	cámara	descubrimiento
aduana	caminar	descubrir
aéreo	caníbal (f, m)	desembarcar
aeropuerto	caribe (f, m)	desorientado
agencia	carnet (m)	despedida
aguantar	cenar	despedirse
alquilado	cerámica	despegar
andén (m)	ceremonia	dinero
apreciar	cheque (m)	dirección (f)
apresuradamente	ciudad (f)	directo
aprovechar	ciudadanía	distancia
arte (f)	civil	embajada
artesano	civilización (f)	emigración (f)
asiento	clase (f)	emigrar
aterrizar	coche (m)	empleado
autobús (m)	comercial	emprender
avión (m)	compañía	empresa
azafata	conducir	en frente de
bajar	continente (m)	escala
¡Bienvenidos!	correos	escena
billete (m)	costa	espera
boleto	costumbre (f)	estereotipo
bolso	crucero	extranjero

facturar	mestizaje (m)	recepcionista (f, m)
flecha	metro	recoger
folleto	mochila	recorrer
foto (f)	multitud (f)	región (f)
gozar	mundo	regresar
habitación (f)	museo	regreso
horizonte (m)	nativo	río
hotel (m)	navegación (f)	ropa
ida	navegante (f, m)	salida
idioma (m)	norte (m)	saludable
iglesia	origen (m)	salvaje
indígena (f, m)	orilla	selva
indio	oriundo ✓	selvático
inmigración (f)	país (m)	sobrecargo
isla	paisaje (m)	tapas
lejos de	pasaje (m)	tarifa
lengua	pasajero	taxi (m)
leyenda	pasaporte (m)	tierra
llamar	paz (f)	transporte (m)
llegar	perdido	tren (m)
local	pescador (m)	turista (f, m)
lugar (m)	pintoresco	vacaciones (f)
maleta	precolombino	viaje (m)
maletín (m)	prejuicio	viajero
mapa (m)	preparativo	visita
mar (m)	previsible	visitar
mareado	quedarse	vuelo
marítimo	raza	

El arte de escuchar: Diálogos cortos

Instrucciones: Escuchará usted una serie de diálogos. Después de cada diálogo se le harán varias preguntas sobre lo que acaba de escuchar. Para cada pregunta elija la mejor respuesta de las cuatro opciones escritas en su libreta de examen.

NOW GET READY FOR THE FIRST DIALOGUE

Diálogo I

1. a. En la selva.
   b. En una ciudad grande.
   c. En un coche.
   d. Cerca de un banco.

2. a. La cámara.
   b. Los billetes de avión.
   c. Los cheques de viajero.
   d. El mapa.

3. a. Quieren llegar al centro comercial.
   b. Tienen prisa.
   c. No saben dónde están.
   d. Les gustaría ir al aeropuerto.

4. a. Van a hablar con un policía.
   b. Van a comprar un mapa.
   c. Van a llamar un taxi.
   d. Van a caminar al hotel.

NOW GET READY FOR THE SECOND DIALOGUE

Diálogo II

1. a. Un viaje de negocios.
   b. Un viaje de vacaciones.
   c. Un viaje en avión.
   d. Un viaje para viejos.

2. a. Trabaja para la Administración de Seguridad Social.
   b. Trabaja en una agencia de viajes.
   c. Trabaja para una compañía marítima.
   d. Trabaja para una agencia de asuntos de personas mayores.

3. a. Tiene bastante dinero para ver el Caribe.
   b. Acaba de morírsele su esposo.
   c. Se siente muy sola.
   d. Ha pasado un año de trastornos personales.

4. a. Despistada y desorientada.
   b. Triste.
   c. Alegre de estar de vacaciones.
   d. Disgustada con su vida y con el mundo.

5. a. Al hombre no le interesan los cruceros.
   b. El hombre no se considera viajero intrépido.
   c. El hombre está muy nervioso y mareado.
   d. Es probable que el hombre esté medio sordo.

El arte de leer: Vocabulario

Instrucciones: Esta parte consiste en una serie de oraciones incompletas. Para cada una de las oraciones se ofrecen cuatro opciones para completarla. Elija la opción más apropiada.

Sección I

1. Tan pronto llegó a casa, . . . la maleta y la mochila.
   - a. deshizo
   - b. llevó
   - c. cortó
   - d. soñó con

2. El extranjero observa que hay . . . de gente en el metro.
   - a. una ciudadanía
   - b. una dirección
   - c. una multitud
   - d. una profesión

3. Los empleados del metro están en huelga porque quieren . . . beneficios y menos horas de trabajo.
   - a. peores
   - b. mejores
   - c. pocos
   - d. irrazonables

4. Es necesario . . . en la próxima parada del autobús.
   - a. despegar
   - b. abrochar
   - c. facturar
   - d. bajar

5. Señor, . . . , ¿Cómo puedo llegar a la plaza?
   - a. ande
   - b. siga
   - c. disculpe
   - d. doble

6. Al pasajero . . . su librito con todas sus direcciones sin saberlo.
   - a. se le cayó
   - b. se le cortó
   - c. se le rompió
   - d. se le quemó

7. María está soñando despierta con quedarse en cama todo el día. Se siente muy . . .
   - a. terca.
   - b. chiflada.
   - c. fiel.
   - d. perezosa.

8. Señor, con permiso. ¿Dónde está el andén del tren al norte? Pues, . . . amarilla va a indicarle a usted donde queda.
   - a. la azafata
   - b. la embajada
   - c. la flecha
   - d. la vacuna

9. La plaza queda . . . la casa de correos.
   - a. enfrente de
   - b. en la costa de
   - c. en el horizonte de
   - d. en las orillas de

10. Voy a aprovechar la oportunidad de ver todos los museos de arte, . . . estoy aquí en España.
    - a. puesto que
    - b. como si
    - c. para
    - d. hasta que

Sección II

1. Perdone, señor. ¿Hay que . . . este maletín también?
   - a. aterrizar
   - b. veranear
   - c. facturar
   - d. perseguir

2. Se encuentra más . . . en primera clase.
   - a. lujo
   - b. basura
   - c. escala
   - d. abuso

3. ¡Atención, por favor! El vuelo va a despegar dentro de quince minutos y todos pasajeros tienen que . . .
   - a. hacer escala.
   - b. abordar.
   - c. caber.
   - d. aterrizar.

4. Los pasajeros llegan a . . . y es necesario tener los papeles de inmigración.
   - a. la cuenta
   - b. la despedida
   - c. la aduana
   - d. la tarifa

5. Tengo los cheques de viajero, el pasaporte, el boleto, y la maleta. No me . . . nada.
   - a. aterriza
   - b. falta
   - c. acude
   - d. dura

6. Traje varias maletas y no me di cuenta de que no . . . debajo del asiento.
   - a. ratificaban
   - b. conducían
   - c. resbalaban
   - d. cabían

7. No sabía dónde estaba mi carnet. Por fin lo encontré en mi cartera. . . .
   - a. ¡Menos mal!
   - b. ¡Qué lo pasen bien!
   - c. ¡Qué lástima!
   - d. ¡Pobrecito!

8. El avión está para despegar de un momento a otro, y todos los pasajeros están mirando a . . .
   - a. la zapatera.
   - b. la gentuza.
   - c. la azafata.
   - d. la azteca.

9. El hombre la quiere mucho. Por lo tanto, espera que . . . con él para siempre jamás.
   - a. se despida
   - b. se quede
   - c. se enrojece
   - d. se enoje

10. De más está decir que los novios siguen viéndose, y seguramente van a . . . pronto.
    - a. quejarse
    - b. despedirse
    - c. aguantarse
    - d. casarse

El arte de leer: Gramática

Instrucciones: En esta parte, usted debe elegir la palabra o frase que complete la oración correctamente.

1. ¿. . . es este maletín?
   - a. Cuyo
   - b. A quién
   - c. Quién
   - d. De quién

2. Necesito un mapa; no sé, pero quizá . . . comprarlo en esta papelería.
   - a. hayamos podido
   - b. pudimos
   - c. podamos
   - d. podíamos

3. ¿El billete? ¿Dónde está? . . . olvidó traerlo.
   - a. Me
   - b. Se me
   - c. Nos
   - d. A mí

4. Por mucha prisa que . . . nunca sale sin mapa.
   - a. esté
   - b. tenga
   - c. está
   - d. tiene

5. La muchacha, . . . madre es azafata, viaja mucho.
   - a. cuyo
   - b. quien
   - c. cuya
   - d. que

6. Me gusta que el crucero . . . por el Caribe.
   - a. pasaba
   - b. pase
   - c. pasaría
   - d. pasó

7. Señor, estos folletos son para . . .
   - a. me.
   - b. mío.
   - c. míos.
   - d. mí.

8. Me quedo en Chile desde el catorce . . . el treinta de mayo.
   - a. a
   - b. hasta
   - c. para
   - d. incluso

9. Estoy aquí totalmente perdido, sin cheques de viajero . . . cambio.
   - a. o
   - b. ni
   - c. y
   - d. u

10. Me . . . a mí el dinero para comprar el boleto de ida.
    - a. falto
    - b. faltaba
    - c. faltan
    - d. falte

El arte de leer: Gramática incorrecta

Instrucciones: En las siguientes oraciones, usted debe elegir la parte que hay que CAMBIAR para que cada oración sea gramaticalmente correcta.

1. <u>Hace</u> dos años que Luisa <u>viaja</u> a Bolivia y supo <u>que</u> la familia Vásquez todavía <u>vivía</u>
      a   b   c   d
   allá.

2. Atención: los sobrecargos y yo rogamos a los pasajeros que <u>pasan</u> <u>por</u> la aduana con
                                              a   b

   todos los documentos necesarios para <u>entrar</u> <u>en</u> los EE. UU.
                                     c   d

3. —Señora, <u>esta</u> llave no funciona bien y no quiero <u>quedarme</u> aquí en el pasillo.
             a   b
   —Señor Smith, lo siento; <u>el suyo</u> no es de la habitación ciento dos <u>sino</u> de la doscientos
                              c   d
   dos.

4. ¡<u>Bienvenidos</u>, Dora! <u>Pasa</u> y <u>dime</u> qué <u>has</u> hecho.
      a   b   c   d

5. Señor presidente, si <u>tiene</u> Ud. una queja, <u>llame</u> a la recepcionista, <u>le explica</u> el proble-
                    a   b   c
   ma, y no <u>se preocupe</u>.
             d

6. ¡<u>Qué</u> fotos <u>tantas</u> <u>bonitas</u>! <u>Quisiera</u> ver más.
      a   b   c   d

7. Todas las horas pensaba <u>en</u> <u>ti</u> y en cómo me <u>habría gustado</u> que <u>habías venido</u>.
                             a b   c   d

8. Marta tiene menos <u>que</u> tres maletas y Jaime <u>trae</u> <u>lo mismo</u>; ¿van a <u>caber</u> debajo de los
                      a   b   c   d
   asientos?

9. El tren se <u>va convirtiendo</u> <u>en</u> un medio popular de <u>viajar</u> y sigue <u>ser</u> pintoresco.
                a   b   c   d

10. Los franceses, <u>cuyos</u> lugar favorito <u>es</u> París, <u>han</u> <u>bajado</u> los precios de los hoteles en
                  a   b   c   d
    esa ciudad preciosa.

El arte de leer: Lectura

Instrucciones: Lea con cuidado cada uno de los pasajes siguientes. Cada pasaje va seguido de varias preguntas u oraciones incompletas. Elija la mejor respuesta o terminación, de acuerdo al pasaje.

Lectura I

Debería ser obligatorio que, al menos una vez al año, cada español tuviera que viajar obligatoriamente a Latinoamérica. La ausencia y la distancia han creado un sinfín de malentendidos y de prejuicios a lo largo de 500 años de relaciones tumultuosas, pasionales, ambivalentes e intensas.

Resulta chocante que desde 1492 hasta hace 15 años ningún soberano español visitara las tierras y las gentes a las que se explotaba sin piedad en su nombre.

El contacto directo y de primera mano es imprescindible, no sólo para entender aquel inmenso y variado continente sino para comprendernos los españoles a nosotros mismos, cosa nada fácil.

Todos nuestros defectos y virtudes están expuestos en América a la vista del espectador, sin trampa ni cartón. Es como una reproducción a gran escala, corregida y aumentada por otras influencias, de este microcosmos que habitamos y que tantos quebraderos de cabeza nos procura.

La primera impresión que viene a la mente cuando se visita Latinoamérica es que la propagación del idioma y el mestizaje, que son las dos cosas más asombrosas, no fueron hechas por orden de la Corona ni de la Iglesia, sino, todo lo contrario, por los españoles de a pie.

El españolito que salía corriendo de este país, bien porque le perseguían los poderes públicos locales o bien porque no tenía qué llevarse a la boca, llegaba a América, veía aquella riqueza y aquella inmensidad llena de posibilidades y lo único que quería era quedarse tranquilo viviendo en una casita con jardín al río, cazando algún animal de vez en cuando, pescando y comiendo papayas junto a dos o tres nativas para fundar una familia como Dios manda.

1. ¿A qué se debe la falta de comprensión de la cultura latinoamericana por parte de los españoles?
    a. Los soberanos no han visitado hasta hace 15 años.
    b. La distancia de tiempo y de espacio.
    c. Los defectos y virtudes que están en Latinoamérica.
    d. La negación de los problemas que han producido los españoles.

2. ¿Qué actitud tiene el autor hacia la llegada de los españoles al continente latinoamericano?
   a. Los españoles nunca debieron viajar a Latinoamérica.
   b. Los españoles debieron haber llegado en paz.
   c. Los españoles lo conquistaron cruelmente.
   d. Los españoles trajeron una gran variedad de idiomas y problemas.

3. Hacer un viaje a Latinoamérica es necesario para cada español porque así
   a. puede apreciar paisajes inmensos y variados.
   b. comprenderá mejor la lengua.
   c. sería muy bonito pasar las vacaciones allá.
   d. puede conocerse mejor.

4. La primera cosa que se nota al visitar Latinoamérica es
   a. la gran extensión de la lengua y de la mezcla de razas.
   b. el número de gente que caza y pesca.
   c. la influencia española que todavía florece.
   d. la falta de comprensión entre los europeos y los indígenas.

5. Según este artículo, el españolito de a pie es
   a. el soldado que llevaba sus prejuicios a Latinoamérica.
   b. el hombre común que quería vivir en paz.
   c. el que fue mandado por la Corona Española.
   d. el español que quería cristianizar a los nativos.

Lectura II

Todo el mundo sabe que los indios caribes eran caníbales. Esto quedó grabado de manera indeleble en la mente de los europeos después que los hombres de Colón desembarcaron por primera vez en Guadalupe, recorrieron una aldea que los caribes habían abandonado apresuradamente y tropezaron con un caldero puesto a hervir pacíficamente. Como era previsible, uno de los hombres levantó la tapa para enterarse de lo que se proponían cenar los indígenas y retrocedió asqueado al descubrir lo que allí se cocía.

Este descubrimiento electrizante encasilló a los caribes como salvajes de allí en adelante, pero el estereotipo fue injusto. Eran caníbales fieros, por cierto, pero también consumados navegantes que llevaron a cabo las travesías más audaces de la América precolombina. Lejos de ser pescadores primitivos que se derrumbaban medio ahogados cuanta isla nueva a la que les arrojaran las tormentas, recorrieron el Mar Caribe a voluntad, cual vikingos del Nuevo Mundo.

Es significativo el hecho de que cuando los españoles irrumpieron en escena los caribes hayan sobrevivido a la conquista. Inclusive prosperaron asaltando los nuevos asentamientos y desafiando a la cruz y la espada. Durante casi dos siglos después de la exterminación masiva de los arahuacos, los caribes siguieron constituyendo una fuerza de peso en el Caribe oriental. Cuando se retiraron de regreso a sus selvas de origen, en Venezuela, habían estampado su nombre en el mar que una vez les perteneciera.

Caribes y arahuacos eran oriundos del delta selvático del Orinoco y hasta donde se remonta la leyenda, se odiaban. Los arahuacos fueron los primeros que emigraron hacia las Antillas Menores . . . puliendo una cultura que llamó la atención de los primeros europeos por su modo de vida equilibrado, saludable y pacífico.

En algún momento los caribes emprendieron una emigración similar . . . hasta llegar al pasaje Anegada, una barrera marítima amplia y a menudo borrascosa. Esta isla resultó demasiado poderosa para ellos y esto obligó a los caribes a interrumpir su emigración, pero no su navegación.

1. ¿Cuándo se descubrió definitivamente que los caribes eran caníbales?
    a. Cuando los europeos vieron sacrificios humanos en sus ceremonias religiosas.
    b. Cuando unos europeos descubrieron que los indios cocinaban seres humanos.
    c. Cuando los arahuacos fueron capturados y torturados por los caribes.
    d. Cuando Colón y sus hombres llegaron al Caribe.

2. ¿Qué tipo de gente marítima eran los caribes?
    a. Eran grandes pescadores.
    b. Eran marineros serios y hábiles.
    c. Eran hombres fuertes y audaces.
    d. Los caribes viajaban en botes grandes y fuertes.

3. A pesar de la conquista española los caribes se aprovecharon de
    a. los recién llegados.
    b. los arahuacos en el Caribe.
    c. sus costumbres caníbales para asustar a los españoles.
    d. sus conocimientos marítimos para regresar a Venezuela.

4. ¿Cómo eran las relaciones entre los caribes y los arahuacos?
    a. Estrechas y amistosas.
    b. Mutuas de apoyo y comprensión.
    c. Basadas en la vida marítima.
    d. Rencorosas y belicosas.

5. ¿Cómo era la civilización de los arahuacos?
    a. Era muy primitiva y feroz.
    b. Se basaba en la navegación y actividades pacíficas.
    c. Era admirable por ser saludable y pacífica.
    d. Era nómada e inestable.

6. ¿Cuál sería el mejor título para este artículo?
    a. Los caribes: maravillosos navegantes del Nuevo Mundo.
    b. El odio entre los arahuacos y los caribes.
    c. Los caníbales del Caribe.
    d. La difusión de los indios primitivos por el Caribe.

El arte de escribir: Vocabulario

Instrucciones: Lea usted el pasaje siguiente. Luego escriba en la línea a continuación de cada número la forma de la palabra entre paréntesis que se necesita para completar el pasaje de manera lógica y correcta. Para recibir crédito, tiene que escribir y acentuar la palabra correctamente. Debe usted escribir UNA SOLA palabra en cada línea. Es posible que la palabra sugerida no requiera cambio alguno. Escriba la palabra en la línea aun cuando no sea necesario ningún cambio.

Sección I

Las cárceles del oeste del país han ____(1)____ objeto de numerosos estudios, artículos y películas. La última de éstas, "American Me", ____(2)____ por Edward James Olmos, ____(3)____ recibido críticas por la cruda violencia que ____(4)____. Sin embargo, Olmos afirma que no ha ____(5)____ otra cosa que reproducir fielmente la vida de los hispanos en ____(6)____ cárceles.

"Blood in, Blood out", ____(7)____ en la Cárcel de San Quintín y en las de East L.A., con ____(8)____ guión de ____(9)____ realismo de Jimy Santiago Baca, un ex convicto y destacado poeta chicano, es otra película con el mismo tema que ____(10)____ comenzar a exhibirse en breve.

1. _____ (ser)
2. _____ (dirigido)
3. _____ (haber)
4. _____ (mostrar)
5. _____ (hacer)
6. _____ (ese)
7. _____ (filmado)
8. _____ (un)
9. _____ (grande)
10. _____ (deber)

Sección II

Yo ____(1)____ un viaje a las islas canarias el año pasado. Para ____(2)____ tuve que solicitar un pasaporte y comprar ropa ____(3)____. Mientras esperaba el pasaporte, ____(4)____ a mi hermano ____(5)____ oficina de viajes estaba en el centro de la ciudad. Desgraciadamente mi hermano me dijo que no ____(6)____ ningún asiento en el vuelo del 17. Afortunadamente, y con un ____(7)____ alivio emocional, yo ____(8)____ un asiento para el 18.

1. _____ (hacer)
2. _____ (prepararse)
3. _____ (nuevo)
4. _____ (llamar)
5. _____ (cuyo)
6. _____ (quedar)
7. _____ (grande)
8. _____ (encontrar)

El arte de escribir: Verbos

Instrucciones: En cada una de las siguientes oraciones, se ha omitido un verbo. Complete usted cada oración escribiendo en la línea numerada la forma y el tiempo correctos del verbo entre paréntesis. Es posible que haga falta más de una palabra. En todo caso usted debe usar un tiempo del verbo entre paréntesis.

1. Después de que el avión ____(1)____ y sepamos que nuestra hija está bien, vamos a buscar nuestro coche.

1. _____ (despegar)

2. La guerra civil no terminó hasta que ____(2)____ el régimen.

2. _____ (intervenir)

3. ____(3)____ en la libertad de expresión, han creado un periódico de las masas.

3. _____ (Pensar)

4. No estoy segura, pero es muy posible que ellos ____(4)____ de México.

4. _____ (ser)

5. Si yo ____(5)____ el dinero, habría viajado a Cuba.

5. _____ (tener)

6. Si quieres divertirte, ____(6)____ la feria.

6. _____ (visitar)

7. La cerámica ha ____(7)____ hecha por los artesanos de esta región.

7. _____ (ser)

8. Cuando me levanté esta mañana ____(8)____, y Sara y yo decidimos quedarnos en casa.

8. _____ (llover)

9. Haz tu maleta para que ____(9)____ ropa suficiente por una semana.

9. _____ (traer)

10. La azafata nos dijo que ____(10)____ lo más pronto posible.

10. _____ (sentarse)

El arte de escribir: Ensayos

Ensayo I: El transporte y el turista

Cuando uno es turista en un país extranjero uno de los problemas es el del transporte dentro del país. Compare Ud. los posibles problemas y beneficios que un turista puede encontrar, al utilizar el metro en lugar de un coche alquilado dentro de la ciudad.

_____

_____

_____

_____

_____

Ensayo II: Otro continente, otra vida

Imagínese que nació en un país de otro continente. Describa su vida y cómo sería diferente de la vida que tiene Ud. ahora. También explique qué vida preferiría y por qué.

_____

_____

_____

_____

_____

Ensayo III: La visita de un amigo

Ud. tiene un amigo que quiere pasar sus vacaciones de verano en un sitio nuevo. Escríbale una carta en que trate de convencerle para que venga a pasar las vacaciones con Ud. en su pueblo. Explíquele por qué Ud. cree que es mejor que su amigo pase las vacaciones con Ud.

_____

_____

_____

_____

_____

Ensayo IV: Los viajes

Imagine que Ud. va a hacer un viaje a cualquier país posible. Ud. va a viajar durante el verano en avión y va a pasar dos semanas de vacaciones. Escríbale a un amigo una carta en la que le describa todos los preparativos necesarios desde la visita a una agencia de viajes hasta el momento en que Ud. aborda el avión.

_____

_____

_____

_____

El arte de hablar: Serie de dibujos

Directions: You will now be asked to speak in Spanish about these pictures. Note that there are six pictures on the following pages. You will hear some instructions in Spanish. After these instructions, you will have two minutes to think about the pictures and two minutes to tell the story suggested by the pictures. Although you may spend more time describing what happens in some pictures than in others, be sure to talk about all of the pictures as you tell the story. In describing the pictures and the story they tell, you should use as much of the response time as possible. You will be scored not only for the appropriateness and grammatical correctness of your response, but also for the range of vocabulary, pronunciation, and overall fluency. If you hear yourself make an error as you are speaking, you should correct the error and continue speaking. Do not start your tape recorder until your are told to do so.

Instrucciones: Los dibujos que Ud. ve representan un cuento. Con la ayuda de ellos, trate usted de reconstruir esta historia.

Ahora empiece a pensar en los dibujos.

DIBUJO I

1

2

3

4

5

6

DIBUJO II

1

2

3

4

5

El arte de hablar: Preguntas y respuestas

Directions: Now you will be asked to respond to a series of questions. Listen carefully to each question, since your score will be based on your comprehension of the questions, as well as the appropriateness, grammatical accuracy, and pronunciation of your response. You should answer each question as extensively and fully as possible. If you hear yourself make an error, you should correct the error. If you are still responding when you hear the speaker say, "Now we will go on to the next question," stop speaking and listen. Do not be concerned if your response is incomplete.

Instrucciones: Serie de preguntas. Esta parte consiste en una serie de preguntas basadas en un tema específico. Usted tendrá que responder lo más preciso posible. Hay que tener cuidado con la precisión de vocabulario y de gramática. Se repetirá cada pregunta dos veces. Está bien corregirse y no se preocupe si no termina su respuesta dentro de los veinte segundos para su respuesta. Espere el tono para empezar a responder. La primera pregunta es de práctica. Después habrá cinco preguntas más.

Serie de preguntas número uno: El tema de esta serie de preguntas son los viajes.

CAPÍTULO V: LAS DIVERSIONES
(Arte, ciencia ficción, coches, fiestas, sueños, teléfono, televisión)

VOCABULARIO

acampada	cueva	meditar
acampar	decorar	mochila
aeroplano	deportivo	montañero
alegrarse	descansar	museo
arte (m)	despedirse de	música
artesanía	dibujo	palanca de cambio
artesano	disco	peligroso
artículo	disco compacto	pensar
artista (f, m)	discutir	pescar
auto	diversión (f)	programa (m)
autobús (m)	divertirse	radio (f)
avanzar	encantar	receta
aventura	equipo	recreativo
bolero	extraterrestre	relajar
caballo	fiesta	renovarse
calmar	film (m)	salpicadero
cama	fogata	sobrevivir
caminata	fósforo	social
campista (f, m)	gozar	sofá (m)
cansar	grabación (f)	sol (m)
carta	imágen (f)	soñar
cassette (m)	imaginación (f)	tele (f)
celebración (f)	imitar	teléfono
coche (m)	invitar	telenovela
cocina	juego	televisión (f)
cocinar	juguete (m)	televisivo
coleccionar	llegar	vehículo
compartir	mantel (m)	vídeo
contemplar	mecánico	video

El arte de escuchar: Narraciones cortas

Instrucciones: Ahora escuchará una serie de narraciones. Después de cada narración se le harán varias preguntas sobre lo que acaba de escuchar. Para cada pregunta elija la mejor respuesta de las cuatro opciones escritas en su libreta de examen.

NOW GET READY FOR THE NARRATIVE

1. a. Necesidades médicas.
   b. Fósforos.
   c. Loción contra la quemadura del sol.
   d. Comida.

2. a. El reportero quiere ir a acampar dentro de poco.
   b. El especialista conoce a la reportera.
   c. El público quería saber más sobre el especialista.
   d. Hubo un accidente durante una acampada.

3. a. Para lavar la ropa en caso de un accidente.
   b. Para hacer una buena sopa cuando uno tiene hambre.
   c. Para limpiar la mochila.
   d. Para lavarse las lesiones.

4. a. Una brújula y un mapa.
   b. Un cuchillo y pedacitos de leña.
   c. Una mochila grande.
   d. Unas aspirinas y protección contra los bichos.

5. a. Decirle a alguien adónde vas.
   b. Sólo salir de caminata cuando hace buen tiempo.
   c. Comprar comida y agua especiales.
   d. Encontrar una mochila bastante grande.

El arte de leer: Vocabulario

Instrucciones: Esta parte consiste en una serie de oraciones incompletas. Para cada una de las oraciones se ofrecen cuatro opciones para completarla. Elija la opción más apropiada.

1. Dicho y hecho, con la hora de la fiesta muy cerca, los hijos López empiezan a . . . a sus amigos.
   - a. contener
   - b. invitar
   - c. aparecer
   - d. compartir

2. Reciben a los invitados con los brazos . . .
   - a. ocupados.
   - b. sencillos.
   - c. inolvidables.
   - d. abiertos.

3. Por años Juana le enseña a su hija Dolores a cocinar y a las dos les encantan las recetas familiares. . . .
   - a. ¡Qué va!
   - b. ¡Lea entre líneas!
   - c. ¡Tal madre, tal hija!
   - d. ¡Qué frío!

4. Como sabían que sus padres llegarían muy pronto y que la casa estaba muy sucia, los hijos . . . muy nerviosos.
   - a. se acordaron
   - b. se paseaban
   - c. se pusieron
   - d. se divertían

5. Es necesario . . . la aspiradora por la alfombra.
   - a. correr
   - b. pasar
   - c. esconder
   - d. hacer

6. Cecilia, ayúdame a hacer la cama. ¿Dónde están . . . limpias?
   - a. las sábanas
   - b. las yemas
   - c. las lágrimas
   - d. las compras

7. La cara . . . de la madre nos indica que lo sabe todo y, además, está contenta.
   - a. dolorosa
   - b. pálida
   - c. risueña
   - d. afligida

8. El mantel estaba muy arrugado. Por consiguiente, íbamos a . . .
   - a. fregarlo.
   - b. quitar el polvo.
   - c. barrerlo.
   - d. plancharlo.

9. Después de la celebración grande, el sofá estaba muy sucio. Había . . . de salsa de tomate.
   - a. un trozo
   - b. una tiza
   - c. una mancha
   - d. un alma

10. Tienen mucho que hacer en muy poco tiempo. . . .
    - a. Están de buenas.
    - b. Se dan prisa.
    - c. Se dan la mano.
    - d. Están para descansar.

El arte de leer: Gramática

Instrucciones: En esta parte, usted debe elegir la palabra o frase que complete la oración correctamente.

1. La semana pasada encontraron a los jóvenes que se . . . hacía un mes.
   - a. pierden
   - b. habían perdido
   - c. han perdido
   - d. hubiesen perdido

2. ¿Por qué . . . que no los descubrieron en la cueva?
   - a. fueron
   - b. siendo
   - c. sería
   - d. fuese

3. Muchas gracias . . . la información.
   - a. para
   - b. para que
   - c. por
   - d. de

4. Tienen menos . . . un mes para experimentar.
   - a. que
   - b. de
   - c. más
   - d. tan

5. Sin . . . con nuestro especialista, no habríamos sabido de la localización de los campistas.
   - a. habernos comunicado
   - b. nos hemos comunicado
   - c. comunicándonos
   - d. nos comunicamos

6. Siempre sueño . . . mi niñez.
   - a. a
   - b. por
   - c. en
   - d. con

7. No me gusta ni hablar por teléfono . . . escribir las cartas.
   - a. ni
   - b. sino
   - c. o
   - d. y

8. ¿Por qué . . . lo mencionaron a él?
   - a. le
   - b. se
   - c. nos
   - d. les

9. Busco un coche que . . . pequeño, deportivo, y barato.
   - a. es
   - b. está
   - c. será
   - d. sea

10. La fiesta terminará a las nueve. Por eso, voy a llamarte después de . . .
    - a. la.
    - b. se.
    - c. lo.
    - d. ella.

Instrucciones: En las siguientes oraciones, usted debe elegir la parte que hay que CAMBIAR para que cada oración sea gramaticalmente correcta.

1. Anoche <u>soñé</u> <u>de</u> una estudiante <u>que</u> se llama Ana. Es la más alta <u>de</u> la clase y la más
        a b   c   d
bonita.

2. <u>Me alegré</u> <u>de</u> que la fiesta <u>estuviera</u> en la casa de María porque había mucho que
     a   b   c
<u>hacer</u> allá.
  d

3. <u>El</u> arte <u>italiana</u> que está en <u>este</u> museo es una exposición <u>especial</u> de Madrid.
  a   b   c   d

4. Si <u>habría</u> <u>tenido</u> el dinero, <u>habría</u> comprado <u>aquel</u> auto nuevo.
     a   b   c   d

5. No me <u>gusta</u> el coche automático <u>pero</u> <u>el</u> <u>de</u> palanca de cambio.
       a   b c d

6. El mecánico <u>quería decirnos</u> que no <u>funcionaran</u> <u>las</u> <u>luces</u> del salpicadero.
           a   b   c   d

7. Las jóvenes, <u>cuyos</u> amigas les son muy <u>importantes</u>, hablan <u>por</u> teléfono cuatro o cinco
          a   b   c
horas <u>diariamente</u>.
     d

8. <u>Hubo</u> un accidente a las siete <u>en la</u> noche y la culpa <u>fue</u> <u>suya</u>.
  a   b   c d

9. ¿<u>Quién</u> es <u>este</u> vaso?   ¿<u>Dónde</u> debo <u>ponerlo</u>?
    a   b   c   d

10. La comida <u>esta</u> noche <u>está</u> riquísima y variada. ¡<u>Qué más</u> <u>sabrosa</u>!
         a   b   c   d

El arte de leer: Lectura

Instrucciones: Lea con cuidado cada uno de los pasajes siguientes. Cada pasaje va seguido de varias preguntas u oraciones incompletas. Elija la mejor respuesta o terminación, de acuerdo al pasaje.

Lectura I

Siempre había hecho alarde de tener una mente científica, inmune a cualquier presión exterior que intentase alterar su rigurosa visión empírica del universo. Durante su adolescencia se había permitido algunos coqueteos con las teorías freudianas sobre la interpretación de los sueños, pero la imposibilidad de confirmar con la experiencia las conclusiones del maestro le hizo perder muy pronto el interés en sus teorías. Por eso, cuando soñó por primera vez con el vehículo espacial no le dio importancia a esa aventura y a la mañana siguiente había olvidado los pormenores de su sueño. Pero cuando éste se repitió al segundo día comenzó a prestarle atención y trató—con relativo éxito—de reconstruir por escrito sus detalles. De acuerdo con sus notas, en ese primer sueño se veía a sí mismo en el medio de una llanura desértica con la sensación de estar a la espera de que algo muy importante sucediera, pero sin poder precisar qué era lo que tan ansiosamente aguardaba. A partir del tercer día el sueño se hizo recurrente adoptando la singular característica de completarse cada noche con episodios adicionales, como los filmes en serie que solía ver en su niñez. Se hizo el hábito entonces de llevar una especie de diario en que anotaba cada amanecer las escenas soñadas la noche anterior. Releyendo sus notas—que cada día escribía con mayor facilidad porque el sueño era cada vez más nítido y sus pormenores más fáciles de reconstruir, le fue posible seguir paso a paso sus experiencias oníricas. De acuerdo con sus anotaciones, la segunda noche alcanzó a ver el vehículo espacial descendiendo velozmente del firmamento. La tercera lo vio posarse con suavidad a su lado. La cuarta contempló la escotilla de la nave abrirse silenciosamente. La quinta vio surgir de su interior una reluciente escalera metálica. La sexta presenciaba el solemne descenso de un ser extraño que le doblaba la estatura y vestía con un traje verde luminoso. La séptima recibía un recio apretón de manos de parte del desconocido. La octava ascendía por la escalerilla del vehículo en compañía del cosmonauta y, durante la novena, curioseaba asombrado el complicado instrumental del interior de la nave. En la décima noche soñó que iniciaba el ascenso silencioso hacia el misterio del cosmos, pero esta experiencia no pudo ser asentada en su diario porque no despertó nunca más de su último sueño.

1. ¿Por qué al narrador no le llamó mucho la atención el primer sueño?
   a. No lo había soñado completamente.
   b. No concordó con la experiencia.
   c. Era un sueño como otros.
   d. Lo olvidó fácilmente.

2. ¿Qué le pasó al narrador en la décima noche?
   a. No se durmió hasta muy tarde.
   b. No pudo escribir nada en su diario.
   c. No pudo sentirse bien al lado del ser extraño.
   d. No despegó en el vehículo espacial.

3. Un título apropiado para este pasaje sería.
   a. "La ciencia y los cosmos"
   b. "Un vehículo espacial y yo"
   c. "El diario mensual"
   d. "El diario inconcluso"

4. El cosmonauta del vehículo espacial era
   a. amistoso.
   b. antipático.
   c. curioso.
   d. indiferente.

5. El narrador se considera a sí mismo
   a. realista.
   b. idealista.
   c. persona corriente.
   d. estudiante de Freud.

6. ¿Por qué mantenía un diario?
   a. Quería hacer una investigación de extraterrestres.
   b. Tenía interés en las teorías de Freud.
   c. Quería recordar los detalles de sus sueños.
   d. Deseaba comprobar que había volado en una nave espacial.

Lectura II

Un gran porcentaje del arte popular latinoamericano es utilitario, una respuesta a las circunstancias físicas, sociales o económicas de una comunidad. Ropa cosida a mano, muebles, utensilios de cocina y otros objetos utilitarios sobreviven en grandes cantidades, a pesar de su reemplazo gradual por objetos fabricados masivamente. A pesar de que los artistas populares tienen como principal prioridad cumplir con ciertos requisitos impuestos por el medio ambiente, van más allá de las consideraciones puramente prácticas, embelleciendo y decorando sus objetos con creativas imágenes basadas en tradiciones. Los bastones aparecen adornados con serpientes y ramas de vid, los recipientes tienen forma de llamas o cabras y los bancos parecen armadillos o caballos. Los productos textiles, particularmente los utilizados en el vestido, también son una manifestación común del arte popular.

El arte popular recreativo, que tiene por objeto entretener y divertir, incluye juguetes, como autobuses y aeroplanos, así como juegos y miniaturas. A primera vista, las piezas de arte popular recreativo pueden considerarse meramente juguetes, pero a menudo revelan aspectos fundamentales de la vida social y religiosa.

1. ¿De qué recibe mucha competencia el arte utilitario?
   a. Del arte recreativo.
   b. De la artesanía internacional.
   c. De productos producidos comercialmente de fábricas grandes.
   d. De varios requisitos locales.

2. ¿Qué se combina con la utilidad práctica para producir muchos objetos cotidianos?
   a. Imágenes encontradas en el ambiente local.
   b. El talento local de los artistas.
   c. La necesidad de diversiones prácticas.
   d. Una imaginación decorativa impresionante.

3. ¿Cuáles son los dos distintos tipos de artesanía popular mencionados aquí?
   a. Bastones adornados y utencilios de cocina.
   b. Objetos que muestran valores sociales y religiosos.
   c. Ropa decorada y miniaturas divertidas.
   d. Objetos necesarios para la vida diaria y para la diversión.

4. ¿De dónde vienen muchas de las ideas decorativas?
   a. Se pueden encontrar entre los pueblos indígenas.
   b. Vienen de imágenes encontradas en tradiciones populares.
   c. Los artistas imitan la vida diaria.
   d. Muchos artesanos las sacan de su imaginación creativa.

El arte de escribir: Vocabulario

Instrucciones: Lea usted el pasaje siguiente. Luego escriba en la línea a continuación de cada número la forma de la palabra entre paréntesis que se necesita para completar el pasaje de manera lógica y correcta. Para recibir crédito, tiene que escribir y acentuar la palabra correctamente. Debe usted escribir UNA SOLA palabra en cada línea. Es posible que la palabra sugerida no requiera cambio alguno. Escriba la palabra en la línea aun cuando no sea necesario ningún cambio.

Sección I

Según un artículo sobre telenovelas

_____(1)_____ en el Wall Street Journal, un

diplomático mexicano fue _____(2)_____ en

Beijing, China, no con las notas del himno

nacional de su país, sino con el tema de Rosa

Salvaje. En 1991, "Los ricos también lloran"

_____(3)_____ uno de los programas _____(4)_____

de más éxito en Turquía y algo similar

_____(5)_____ con _____(6)_____ telenovela

mexicana en Corea del Sur. La compañía

Televisa afirma que sus telenovelas se

_____(7)_____ en 59 países.

De momento las telenovelas venezolanas

de Radio Caracas Televisión, _____(8)_____ a

nivel internacional por Coral Pictures con

sede en Miami se _____(9)_____ doblado al

hebreo, árabe, inglés, portugués, turco, griego

_____(10)_____ italiano.

1. _____ (publicado)

2. _____ (recibir)

3. _____ (ser)

4. _____ (televisivo)

5. _____ (pasar)

6. _____ (otro)

7. _____ (ver)

8. _____ (mercadeado)

9. _____ (haber)

10. _____ (y)

Sección II

Gracias a la tecnología de los discos compactos la llamada "música vieja" es ____(1)____ otra vez. Los compactos han ____(2)____ obsoleto el sonido de vinilo. Para ____(3)____ coleccionan música como ____(4)____ damas coleccionan zapatos, ____(5)____ el viejo sonido por el nuevo ____(6)____ la tarea del momento.

Gracias a la rendición de grabaciones ____(7)____ el bolero, la música de la nostalgia por excelencia, está ____(8)____. En España la música del trío Los Panchos y del bolerista Lucho Gatica ____(9)____ gozado de una enorme popularidad en los últimos dos años.

1. _____ (nuevo)

2. _____ (hacer)

3. _____ (quien)

4. _____ (cierto)

5. _____ (cambiar)

6. _____ (ser)

7. _____ (original)

8. _____ (renacer)

9. _____ (haber)

Instrucciones: En cada una de las siguientes oraciones, se ha omitido un verbo. Complete usted cada oración escribiendo en la línea numerada la forma y el tiempo correctos del verbo entre paréntesis. Es posible que haga falta más de una palabra. En todo caso usted debe usar un tiempo del verbo entre paréntesis.

1. ¡Mira los pantalones tuyos! Espero que no se te ____(1)____.

1. _____ (caer)

2. Íbamos a llamar la ambulancia, pero en aquel momento ____(2)____.

2. _____ (llegar)

3. La rodilla ____(3)____, y el niño empezó a gritar.

3. _____ (hincharse)

4. La madre ____(4)____ con los hijos cuando ensucian sus dormitorios.

4. _____ (enfadarse)

5. Siempre que María me ____(5)____ a su fiesta, me pide que traiga la comida.

5. _____ (invitar)

6. Al ____(6)____ de los invitados, empecé a arreglar la casa.

6. _____ (despedirse)

7. Busco un coche sport que ____(7)____ radio cassette.

7. _____ (tener)

8. ¡Roberto y Carmen, ____(8)____ aquí y entremos en esta tienda!

8. _____ (aparcar)

9. Señor policía, este tío no ha ____(9)____ la ley.

9. _____ (respetar)

10. Me alegraba de que mi mejor amiga ____(10)____ a la fiesta.

10. _____ (venir)

El arte de escribir: Ensayos

Instrucciones: **Instrucciones:** Escriba EN ESPAÑOL un ensayo claramente expuesto y organizado sobre el siguiente tema. Se calificará su trabajo teniendo en cuenta la precisión y riqueza del vocabulario, la precisión gramatical y la organización. El ensayo debe tener una extensión mínima de 200 palabras.

Ensayo I: La televisión

Se dice que la televisión es la mejor niñera que hay y que ayuda a pacificar y relajar a los niños y que no se cansa de su trabajo. También hay los que creen que los programas de televisión son informativos y agregan otra dimensión a la educación de los más jóvenes. Si tuviera Ud. que cuidar a un niño rebelde y agitado, escriba Ud. si utilizaría la tele para calmarlo y ayudarlo a conciliar el sueño.

_____

_____

_____

_____

Ensayo II: El materialismo

Hay muchos que dicen que somos una sociedad de materialistas, interesados sólo en trabajar, ganar dinero y avanzar materialmente. Éstos también dicen que necesitamos encontrar más tiempo para estar solos, meditar, contemplar y renovarnos espiritualmente. Escriba un ensayo sobre lo dicho.

_____

_____

_____

_____

El arte de hablar: Serie de dibujos

Directions: You will now be asked to speak in Spanish about these pictures. Note that there are six pictures on the following pages. You will hear some instructions in Spanish. After these instructions, you will have two minutes to think about the pictures and two minutes to tell the story suggested by the pictures. Although you may spend more time describing what happens in some pictures than in others, be sure to talk about all of the pictures as you tell the story. In describing the pictures and the story they tell, you should use as much of the response time as possible. You will be scored not only for the appropriateness and grammatical correctness of your response, but also for the range of vocabulary, pronunciation, and overall fluency. If you hear yourself make an error as you are speaking, you should correct the error and continue speaking. Do not start your tape recorder until your are told to do so.

Instrucciones: Los dibujos que Ud. ve representan un cuento. Con la ayuda de ellos, trate usted de reconstruir esta historia.

Ahora empiece a pensar en los dibujos.

DIBUJO I

1

2

3

4

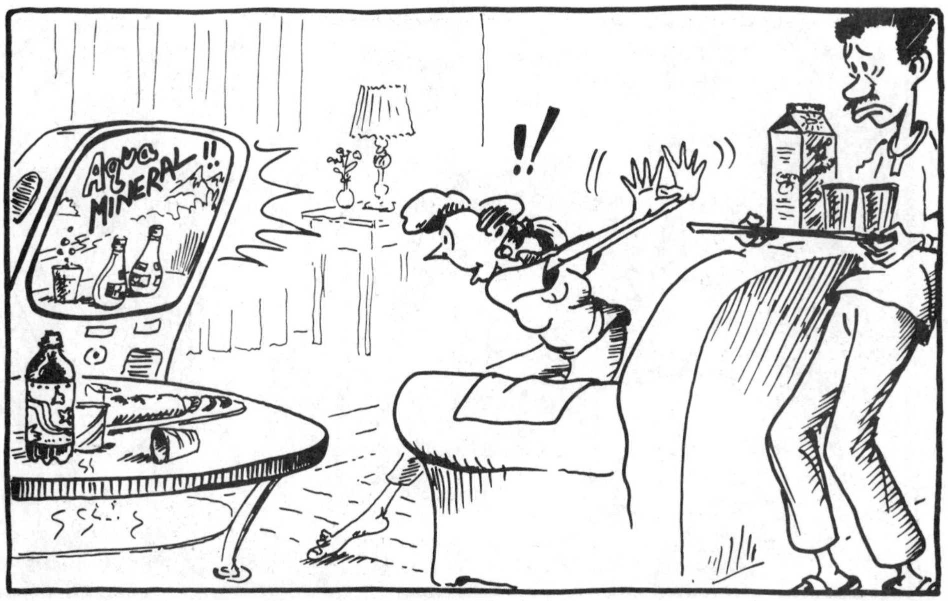

5

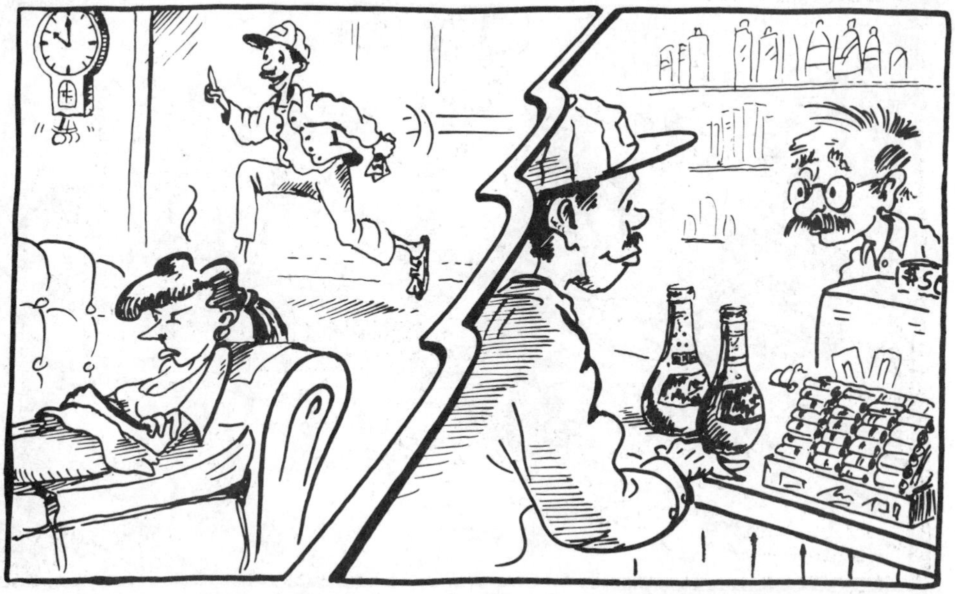

6

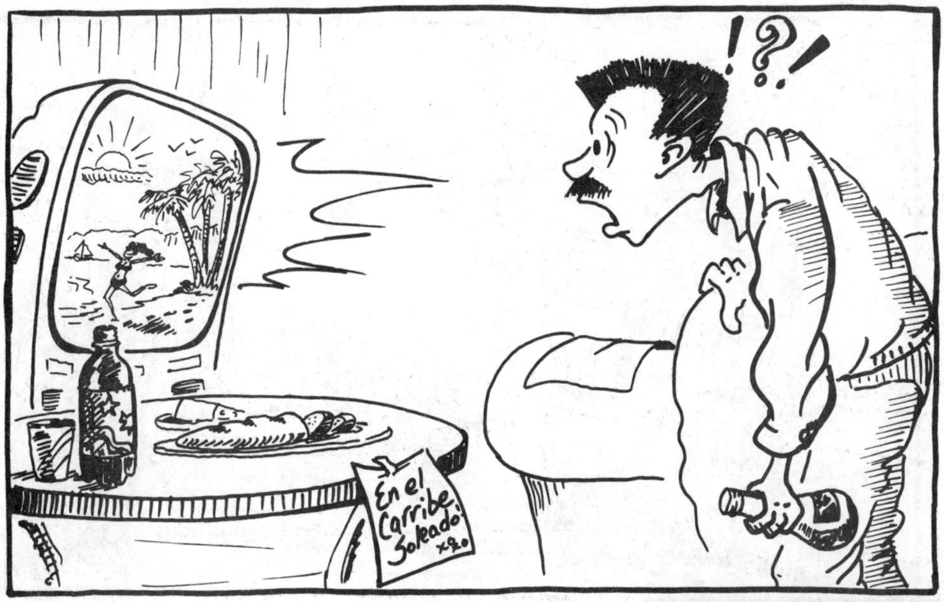

DIBUJO II

1

2

3

4

5

6

DIBUJO III

1

2

3

4

5

6

El arte de hablar: Preguntas y respuestas

Directions: Now you will be asked to respond to a series of questions. Listen carefully to each question, since your score will be based on your comprehension of the questions, as well as the appropriateness, grammatical accuracy, and pronunciation of your response. You should answer each question as extensively and fully as possible. If you hear yourself make an error, you should correct the error. If you are still responding when you hear the speaker say, "Now we will go on to the next question," stop speaking and listen. Do not be concerned if your response is incomplete.

Instrucciones: Serie de preguntas. Esta parte consiste en una serie de preguntas basadas en un tema específico. Usted tendrá que responder lo más preciso posible. Hay que tener cuidado con la precisión de vocabulario y de gramática. Se repetirá cada pregunta dos veces. Está bien corregirse y no se preocupe si no termina su respuesta dentro de los veinte segundos para su respuesta. Espere el tono para empezar a responder. La primera pregunta es de práctica. Después habrá cinco preguntas más.

Serie de preguntas número uno: El tema de esta serie de preguntas son los coches.

CAPÍTULO VI: EL EJERCICIO FÍSICO Y LOS DEPORTES

(Actividades, equipo, lugares)

VOCABULARIO

acampar

adversario

aficionado

agarrar

andar

animado

apostar

apuesta

árbitro

atacar

atleta (f, m)

atreverse a

autodisciplina (m)

avanzar

bajar

balón (m)

baloncesto

base (f)

bate (m)

bateo

béisbol (m)

beisbolista (f, m)

bicicleta

boliche (m)

bucear

campeón (m)

campeona

campeonato

campo

cancha

capitán (m)

carrera

casco

ciclismo

competición (f)

correr

deporte (m)

descansar

ejercicio

empatado

entrenador (m)

entrenarse

equipo

espectador (m)

espíritu (m)

finales (f)

fútbol (m)

ganar

gimnasio

gorra

hábil

hielo

hockey (m)

honra

ídolo

jonrón (m)

jugador (m)

jugar

lanzador (m)

lesionado

liga

ligamento

matador (m)

mochila

monopatín (m)

montar

natación (f)

participar

partido

pasatiempo

patinaje (m)

patinar

patrocinador (m)

período

portería

portero

promedio

público

punto

resultado

silbato

talento

tenis (m)

tiro

Instrucciones: Ahora escuchará una serie de narraciones. Después de cada narración se le harán varias preguntas sobre lo que acaba de escuchar. Para cada pregunta elija la mejor respuesta de las cuatro opciones escritas en su libreta de examen.

NOW GET READY FOR THE NARRATIVE

1.   a. De baloncesto.
     b. De fútbol.
     c. De béisbol.
     d. De hockey sobre hielo.

2.   a. El patrocinador.
     b. El gerente.
     c. El capitán.
     d. El entrenador.

3.   a. Tuvo problemas de dinero y comida.
     b. Su madre siempre le trataba muy bien.
     c. Su padre le enseñó todo lo que sabe del deporte.
     d. Aprendió a jugar muy bien los deportes.

4.   a. No habrá otra.
     b. Los jugadores se han preparado muchísimo.
     c. Son las finales de la liga.
     d. El otro equipo tiene varios jugadores lesionados.

5.   a. No llegaron ni siquiera hasta las finales.
     b. No se esforzaron tanto y perdieron.
     c. El mismo equipo les ganó.
     d. El narrador habló con igual pasión.

6.   a. La dignidad y honra del equipo.
     b. Su juventud perdida.
     c. Una apuesta que perdió el año pasado.
     d. Otra oportunidad.

El arte de leer: Vocabulario

Instrucciones: Esta parte consiste en una serie de oraciones incompletas. Para cada una de las oraciones se ofrecen cuatro opciones para completarla. Elija la opción más apropiada.

Sección I

1. El día está tan lindo. ¿Por qué no . . . en bicicleta?
   - a. tomamos
   - b. grabamos
   - c. montamos
   - d. reemplazamos

2. Te . . . a que hace buen tiempo.
   - a. apuesto
   - b. lanzo
   - c. saludo
   - d. tiro

3. . . . llueve y no podemos jugar al tenis, vamos a divertirnos aquí en casa.
   - a. Con mucho gusto
   - b. Perdón
   - c. A pesar de que
   - d. Qué espanto

4. El atleta va diariamente al gimnasio para . . .
   - a. descansar.
   - b. hincharse.
   - c. bucear.
   - d. entrenarse.

5. Para proteger la cabeza durante el ciclismo, es importante llevar . . .
   - a. una pelota.
   - b. las botas.
   - c. los guantes.
   - d. un casco.

6. La natación es . . . que me gusta mucho en verano.
   - a. una carrera
   - b. un pedrusco
   - c. un pasatiempo
   - d. un bate

7. . . . el tobillo y se cayó.
   - a. Se vendó
   - b. Se dobló
   - c. Se despidió
   - d. Se bajó de

8. Me levanto, me ducho, me visto, y miro el pronóstico del tiempo. Es . . . diaria.
   - a. la rutina
   - b. la carta
   - c. la rodillera
   - d. la gorra

9. Juan sale de la casa y . . . a la bicicleta.
   - a. se pone
   - b. se sube
   - c. se baja
   - d. se viene

10. Para ser campeón, . . . es muy importante.
    - a. la autodisciplina
    - b. el boliche
    - c. el talón
    - d. el patinaje

Sección II

1. Los dos equipos están . . . cincuenta a cincuenta.
    - a. animados
    - b. empapados
    - c. empatados
    - d. interceptados

2. El árbitro acaba de señalar el fin del partido con su . . .
    - a. bate.
    - b. silbato.
    - c. guante.
    - d. cancha.

3. Los jugadores tienen que . . . todos los días para tener éxito.
    - a. pegarse
    - b. entrenarse
    - c. acercarse
    - d. vendarse

4. Para evitar las heridas en las piernas es importante ponerse . . .
    - a. las rodilleras.
    - b. las gorras.
    - c. los talones.
    - d. las máscaras.

5. No podemos ver el tanteo; . . . no está funcionando.
    - a. la copa
    - b. el cuadro indicador
    - c. el espectador
    - d. la portería

6. La Serie Mundial es . . . de béisbol en América.
    - a. la pista
    - b. la pelota
    - c. el campeonato
    - d. el lanzador

7. El matador hace pasar el toro cada vez más cerca. . . .
    - a. ¡Qué cariñoso!
    - b. ¡Qué te vaya bien!
    - c. ¡Qué espanto!
    - d. ¡Qué raro!

8. Los entrenadores que requieren mucho tienen mucho . . .
    - a. éxito.
    - b. puesto.
    - c. lugar.
    - d. hambre.

9. Los Mets tienen muchos . . . en Nueva York.
    - a. ligamentos
    - b. aficionados
    - c. heridos
    - d. lesionados

10. Pese a que cometió tantos errores, . . . el partido con el único jonrón.
    - a. colgó
    - b. tapó
    - c. ganó
    - d. deterioró

El arte de leer: Gramática

1. Tenéis que ganar este partido. . . .
    a. ¡Corran!   c. ¡Corren!
    b. ¡Corred!   d. ¡Corráis!

2. Si pudiera ganar el campeonato, . . . muy feliz.
    a. estuve   c. estaré
    b. estaba   d. estaría

3. No se atreve . . . hacer nada porque tiene un partido de lucha esta noche.
    a. que   c. en
    b. de   d. a

4. "Ganar no es todo, es lo único." ¿. . . cree?
    a. Lo   c. Los
    b. Este   d. Le

5. Carmen no es la campeona del salto de altura . . . la del salto de longitud.
    a. pero   c. sino
    b. sino que   d. o

6. Los equipos de Italia y Francia están . . . uno a uno.
    a. empatado   c. empatada
    b. empatando   d. empatadas

7. Los jugadores siguen . . . para su próximo partido.
    a. entrenarse   c. entrenándose
    b. a entrenarse   d. entrenado

8. El entrenador me mandó que . . . al adversario.
    a. ataque   c. ataqué
    b. atacara   d. ataco

9. Me encantan los espectadores animados. ¡Qué público . . . entusiasmado!
    a. de   c. menos
    b. más   d. a

10. Juan, tira el balón. ¡. . . ahora!
    a. Hágalo   c. Lo hagas
    b. Hazlo   d. Lo hace

Instrucciones: En las siguientes oraciones, usted debe elegir la parte que hay que CAMBIAR para que cada oración sea gramaticalmente correcta.

1. ¿<u>Estás</u> tú listo para <u>ir</u> al gimnasio? De todas maneras, <u>llame</u> para <u>decírselo</u> a Miguel.
   a   b   c   d

2. Mi mamá sugiere que <u>llevo</u> un casco <u>cuando</u> voy <u>en bicicleta</u>. A mí no me importa <u>tanto</u>.
                         a   b   c   d

3. <u>Esa</u> es lo que me encanta hacer. Cuando <u>estoy</u> en las montañas, puedo <u>olvidarme</u> <u>de</u>
   a   b   c   d
los ruidos de la ciudad.

4. <u>Al regresar</u> de su trabajo, venía <u>correr</u> para <u>anunciarme</u> el resultado del partido.
     a   b   c
Me <u>sorprendió</u> mucho.
     d

5. Ya es la hora de <u>salir</u>. Estamos <u>por</u> <u>marcharnos</u>. <u>¡Vayámonos!</u>
                a   b   c   d

6. No <u>me entrené</u> hoy <u>para</u> estar muy enfermo. <u>A causa de eso</u>, hace cinco horas que
        a   b   c
<u>estoy</u> en la cama.
  d

7. Si <u>ganaré</u> la lotería, voy a <u>comprarme</u> un gimnasio con equipo de <u>entrenamiento</u> para
    a   b   c
que <u>pueda</u> bajar de peso.
    d

8. Soy <u>demasiada</u> gorda y no estoy <u>muy</u> contenta. Mi mamá quiere que <u>esté</u> <u>a</u> dieta pero
      a   b   c d
es difícil porque todo el tiempo tengo un hambre de perros.

9. Se <u>queja</u> <u>de la</u> sistema que se ha <u>usado</u> en esta escuela. Es muy <u>anticuado</u>.
    a b   c   d

10. Marisa <u>solía</u> ir andando <u>por</u> el bosque. <u>Llevando</u> su mochila y su cama portátil
       a   b   c
puede acampar cuando tiene ganas <u>de hacerlo</u>.
                           d

El arte de escribir: Vocabulario

Instrucciones: Lea usted el pasaje siguiente. Luego escriba en la línea a continuación de cada número la forma de la palabra entre paréntesis que se necesita para completar el pasaje de manera lógica y correcta. Para recibir crédito, tiene que escribir y acentuar la palabra correctamente. Debe usted escribir UNA SOLA palabra en cada línea. Es posible que la palabra sugerida no requiera cambio alguno. Escriba la palabra en la línea aun cuando no sea necesario ningún cambio.

Recuerdo bien un encuentro de baloncesto en que la atleta más pequeña del equipo las Panteras tuvo una actuación sobresaliente. Era una de esas noches ____(1)____ de marzo cuando ____(2)____ las Panteras a la cancha del gimnasio de sus ____(3)____ rivales las Osogatos. Las Panteras llegaron _____(4)_____ como si ____(5)____ animalitos y las pobres ____(6)____ de las Osogatos temían que las Panteras fueran a ganar ____(7)____ vez.

Sin embargo, el pretencioso entrenador de las Osogatos tenía la convicción de que su equipo ____(8)____ a triunfar esta vez. Era un hombre de increíble barriga con voz fuerte y ____(9)____ que siempre asustaba a ____(10)____ las Panteras.

Para mí ____(11)____ un momento inolvidable cuando el árbitro indicó con su silbato que _____(12)_____ famosa batalla ____(13)____ empezado. Los períodos pasaron rápidamente y en los ____(14)____ segundos los equipos quedaban ____(15)____. De golpe la Pantera que era

1. _____ (tormentoso)

2. _____ (entrar)

3. _____ (temido)

4. _____ (gruñir)

5. _____ (ser)

6. _____ (jugador)

7. _____ (otro)

8. _____ (ir)

9. _____ (agudo)

10. _____ (todo)

11. _____ (ser)

12. _____ (ese)

13. _____ (haber)

14. _____ (último)

15. _____ (empatado)

la más pequeña de todas saltó por el aire,

____(16)____ el balón, y lo encestó, ____(17)____

el triunfo de su equipo y la humillante derrota

de las Osogatos.

    El entrenador barrigón se desmayó y sus

Osogatos se ____(18)____ a llorar. La pequeña

Pantera fue ____(19)____ en andas por

____(20)____ aficionados. Nunca voy a olvidar

ese momento.

16. _____ (agarrar)

17. _____ (asegurar)

18. _____ (poner)

19. _____ (llevado)

20. _____ (su)

El arte de escribir: Verbos

Instrucciones: En cada una de las siguientes oraciones, se ha omitido un verbo. Complete usted cada oración escribiendo en la línea numerada la forma y el tiempo correctos del verbo entre paréntesis. Es posible que haga falta más de una palabra. En todo caso usted debe usar un tiempo del verbo entre paréntesis.

1. Juan, Julia te llamará después de que ella ____(1)____ su caminata.

    1. _____ (terminar)

2. ¿Qué te gusta más, ____(2)____ sobre ruedas o andar en monopatín?

    2. _____ (patinar)

3. Mi mamá me aconsejó que ____(3)____ footing al lado de la carretera.

    3. _____ (hacer)

4. No sé qué pasó anoche. ¿____(4)____ el equipo contrario?

    4. _____ (ganar)

5. Me gustaría entrenarme diariamente y ____(5)____ en forma.

    5. _____ (ponerse)

6. El portero saltó, se acercó a la portería, y ____(6)____ el balón.

    6. _____ (agarrar)

7. Le encantaría que ella ____(7)____ a la cancha de tenis a las cinco.

    7. _____ (llegar)

8. Espero que él me ____(8)____ los zapatos en mi gaveta.

    8. _____ (dejar)

9. Buenos días, estamos en el primer período de las finales y los Osos y los Peces ____(9)____ empatados dos a dos.

    9. _____ (estar)

10. No ____(10)____ tanto. Participarás en el próximo partido.

    10. _____ (llorar)

El arte de escribir: Ensayos

Instrucciones: Escriba EN ESPAÑOL un ensayo claramente expuesto y organizado sobre el siguiente tema. Se calificará su trabajo teniendo en cuenta la precisión y riqueza del vocabulario, la precisión gramatical y la organización. El ensayo debe tener una extensión mínima de 200 palabras.

Ensayo I: Los deportes

Los deportes son muy importantes en nuestra sociedad. Hay equipos para muchachos y muchachas de casi cualquier edad. Los deportes son para entretenernos, enseñarnos y para que hagamos ejercicio. Para algunos, los deportes son un modo de avanzar, ganar dinero, y conseguir prestigio y poder. En un ensayo discuta la importancia de los deportes para Ud. y/o para su familia.

_____

_____

_____

_____

_____

Ensayo II: Los deportes y la competición

Han dicho que los sudamericanos ganaron su independencia de España a través de las lecciones que aprendieron en los campos de fútbol. Según esta declaración uno aprende a obrar con otros a través de un espíritu de cooperación. Sin embargo, hay otros que han señalado que la competición que engendran los deportes ayuda a destruir el sentido de confianza de los menos hábiles. En un ensayo discuta estos dos puntos de vista.

_____

_____

_____

_____

_____

El arte de hablar: Serie de dibujos

Directions: You will now be asked to speak in Spanish about these pictures. Note that there are six pictures on the following pages. You will hear some instructions in Spanish. After these instructions, you will have two minutes to think about the pictures and two minutes to tell the story suggested by the pictures. Although you may spend more time describing what happens in some pictures than in others, be sure to talk about all of the pictures as you tell the story. In describing the pictures and the story they tell, you should use as much of the response time as possible. You will be scored not only for the appropriateness and grammatical correctness of your response, but also for the range of vocabulary, pronunciation, and overall fluency. If you hear yourself make an error as you are speaking, you should correct the error and continue speaking. Do not start your tape recorder until your are told to do so.

Instrucciones: Los dibujos que Ud. ve representan un cuento. Con la ayuda de ellos, trate usted de reconstruir esta historia.

Ahora empiece a pensar en los dibujos.

1

2

3

4

5

6

DIBUJO II

1

2

3

El arte de hablar: Preguntas y respuestas

Directions: Now you will be asked to respond to a series of questions. Listen carefully to each question, since your score will be based on your comprehension of the questions, as well as the appropriateness, grammatical accuracy, and pronunciation of your response. You should answer each question as extensively and fully as possible. If you hear yourself make an error, you should correct the error. If you are still responding when you hear the speaker say, "Now we will go on to the next question," stop speaking and listen. Do not be concerned if your response is incomplete.

Instrucciones: Serie de preguntas. Esta parte consiste en una serie de preguntas basadas en un tema específico. Usted tendrá que responder lo más preciso posible. Hay que tener cuidado con la precisión de vocabulario y de gramática. Se repetirá cada pregunta dos veces. Está bien corregirse y no se preocupe si no termina su respuesta dentro de los veinte segundos para su respuesta. Espere el tono para empezar a responder. La primera pregunta es de práctica. Después habrá cinco preguntas más.

Serie de preguntas número uno: El tema de esta serie de preguntas son la salud y el ejercicio.

CAPÍTULO VII—LA ESCUELA

(Actividades, estudios, muebles, personas de la escuela)

VOCABULARIO

actividad (f)	educarse	pensamiento
analizar	encuesta	pensar
aprender	ensayo	pincel (m)
apunte (m)	enseñanza	pisapapeles (m)
archivo	enseñar	pizarra
asignatura	escolar	portadocumentos
asistir	escritorio	portarse
aula	escuela	premio
autoridad (f)	estudiante (f, m)	preparación (f)
avanzado	estudiar	prepararse
beca	examen (m)	presentar
biblioteca	exámenes (m)	primaria
bilingüe	expresarse	principiante (f, m)
biología	fila	probar
boli (m)	graduarse	profesor (m)
borrar	honores (m)	profesora
cálculo	idioma (m)	programación (f)
capacidad (f)	informes (m)	programa (m)
carpeta	instituto	promedio
cartel (m)	intermedio	prueba
carrera	lápiz (m)	punto
clase (f)	lectura	pupitre (m)
colegio	leer	química
comité (m)	libro	repasar
comportarse	literatura	responsabilidad (f)
conferencia	llenar	reunión (f)
corregir	maestro	sacar buenas notas
crédito	mal educado	sala
cuaderno	matemáticas	secundaria
definir	nivel (m)	significado
desarrollar	nota	tarea
desarrollo	pantalla	tema (m)
educación (f)	papel (m)	universidad (f)

Instrucciones: Escuchará usted una serie de diálogos. Después de cada diálogo se le harán varias preguntas sobre lo que acaba de escuchar. Para cada pregunta elija la mejor respuesta de las cuatro opciones escritas en su libreta de examen.

NOW GET READY FOR THE DIALOGUE

1. a. Porque ha pasado una semana en la universidad y quiere hablar con su familia.
    b. Porque necesita más dinero.
    c. Porque todo le va bien y quiere decírselo a su padre.
    d. Porque le robaron el dinero.

2. a. A larga distancia.
    b. Con tarjeta de crédito.
    c. Desde un teléfono local.
    d. Con teléfono celular.

3. a. Los escritorios son cómodos.
    b. Las materias le interesan.
    c. Hay carteles, mapas y un reloj en las paredes.
    d. Unos profesores guapos las enseñan.

4. a. Porque le robaron el dinero y su tarjeta de crédito.
    b. Porque no tenía bastante dinero.
    c. Porque no quería gastar el dinero.
    d. Porque se le perdió la cartera.

5. a. Tacaña.
    b. Mimada.
    c. Terca.
    d. Estudiosa.

6. a. Porque le había dado bastante dinero y una tarjeta de crédito.
    b. Porque habló con ella el otro día.
    c. Porque ha estado en la universidad sólo una semana.
    d. Porque su hija nunca tiene tiempo para llamarlo.

El arte de leer: Vocabulario

Instrucciones: Esta parte consiste en una serie de oraciones incompletas. Para cada una de las oraciones se ofrecen cuatro opciones para completarla. Elija la opción más apropiada.

Sección I

1. Es una escuela muy conocida; tiene . . . que es uno de los mejores.
    - a. un informe
    - b. un profesorado
    - c. un recibo
    - d. un idioma

2. A menudo los jóvenes miran la televisión . . . de tres o cuatro horas diarias.
    - a. un promedio
    - b. un dinamismo
    - c. un dilema
    - d. una tecnología

3. Los maestros de AP son amables . . . son muy estrictos a la vez.
    - a. lo antes posible
    - b. a tono con
    - c. aunque
    - d. rumbo a

4. Los jóvenes prefieren que los profesores no den . . . en clase.
    - a. un significado
    - b. una maldad
    - c. un sonido
    - d. una conferencia

5. Para . . . los problemas escolares, hay que repasar todas las noches.
    - a. elaborar
    - b. evitar
    - c. manejar
    - d. cumplir

6. El señor Martínez entra en la clase llevando todos los papeles en su . . .
    - a. sacacorchos.
    - b. pisapapeles.
    - c. portadocumentos.
    - d. pincel.

7. Durante el partido, uno de los jugadores se cayó y ahora tiene una pierna . . .
    - a. rota.
    - b. disfrazada.
    - c. borrada.
    - d. despejada.

8. Generalmente, . . . empieza a los seis años.
    - a. la enseñanza
    - b. la pantalla
    - c. el bureo
    - d. la butaca

9. Después de graduarse, Juan y sus amigos comienzan . . . de empleo.
    - a. el riesgo
    - b. el premio
    - c. la revuelta
    - d. la búsqueda

10. Es la hora de clase y Juan está afuera; los amigos saben bien que está . . . a clase.
    - a. existiendo
    - b. cometiendo
    - c. faltando
    - d. corrigiendo

Sección II

1. Los novios entran en el colegio . . . del brazo.
   - a. cogidos
   - b. escogidos
   - c. vueltos
   - d. sacados

2. Son las ocho de la mañana y las clases están a . . . de empezar.
   - a. término
   - b. principio
   - c. punto
   - d. suceso

3. Juanita quiere tomar apuntes; tiene su cuaderno pero le . . . un lápiz.
   - a. parece
   - b. quita
   - c. hace falta
   - d. saca

4. David está soñando con su novia y no . . . la conferencia.
   - a. descansa de
   - b. hace caso de
   - c. saluda
   - d. sala

5. La profesora empieza por . . . para ver si todos están.
   - a. repasar las fechas
   - b. borrar la pizarra
   - c. pasar lista
   - d. sacudir el escritorio

6. Guardan los exámenes en . . . que están en el archivo.
   - a. las ecuaciones
   - b. las carpetas
   - c. las encuestas
   - d. los promedios

7. Tengo que aprender todo de memoria a causa de . . . mañana.
   - a. la ficha
   - b. los gastos
   - c. la prueba
   - d. los créditos

8. Los estudiantes han de . . . los libros a las clases todos los días pero no lo hacen.
   - a. cumplir
   - b. probar
   - c. traer
   - d. llenar

9. La clase de química avanzada es . . . y a mí no me gusta.
   - a. conveniente
   - b. ardua
   - c. agradable
   - d. elemental

10. Los jóvenes piensan en los fines de semana y los cafés . . . de gente.
    - a. vacíos
    - b. perdidos
    - c. refrescos
    - d. llenos

El arte de leer: Gramática

Instrucciones: En esta parte, usted debe elegir la palabra o frase que complete la oración correctamente.

1. El pupitre, en . . . me siento, está en la primera fila.
   - a. las cuales
   - b. que
   - c. la que
   - d. cual

2. De pequeña, . . . a una escuela primaria.
   - a. asistía
   - b. asistiera
   - c. había asistido
   - d. he asistido

3. Hay que . . . los apuntes lo más pronto posible.
   - a. repase
   - b. repasa
   - c. repasase
   - d. repasar

4. Los estudiantes universitarios están en tiempos de . . . cambio.
   - a. grandes
   - b. grande
   - c. gran
   - d. mayoría

5. Recibió las noticias de una beca. Van a . . . el primero de agosto.
   - a. darles
   - b. dársela
   - c. dárselo
   - d. dárselas

6. Víctor, saca buenas notas, y no . . . el tiempo en las discotecas.
   - a. pierda
   - b. pierdas
   - c. pierdes
   - d. pierde

7. Hay estudiantes aquí que representan las mejores universidades . . . institutos.
   - a. y
   - b. a
   - c. e
   - d. u

8. La clase estaba tirando papeles cuando el profesor . . .
   - a. ha entrado.
   - b. entró.
   - c. entre.
   - d. había entrado.

9. Después del examen, voy a pasar . . . tu apartamento.
   - a. para
   - b. desde
   - c. en
   - d. por

10. Aquí en la Escuela de Derecho, se . . . mucho.
    - a. estudian
    - b. estudiase
    - c. estudia
    - d. estudie

Instrucciones: En las siguientes oraciones, usted debe elegir la parte que hay que CAMBIAR para que cada oración sea gramaticalmente correcta.

1. Gloria, en tu clase de literatura, ¿<u>hay</u> siete <u>o</u> ocho estudiantes <u>que</u> <u>vienen</u> de los
                                     a   b   c   d

   países latinoamericanos?

2. Sobre todo, <u>los</u> temas que me han <u>presentados</u> los estudiantes <u>míos</u> son <u>interesantes</u>.
                 a   b   c   d

3. ¿Qué <u>te</u> <u>parece</u>, Verónica? Aunque <u>nieva</u> mañana ¿<u>irás</u> a la conferencia?
         a b   c   d

4. Elena, mi amor, <u>hable</u> en voz <u>alta</u>; <u>a causa del</u> ruido del ventilador no <u>puedo</u> oírte
                     a   b   c   d
   bien.

5. El profesor <u>me</u> <u>dijo</u> que no <u>ocurriera</u> la reunión de los honores y por consiguiente no <u>fui</u>.
                a b   c   d

6. El comité está planeando <u>varios</u> actividades <u>para</u> el año escolar para que los
                                   a   b

   estudiantes <u>se</u> <u>conozcan</u>.
              c   d

7. Cristina <u>siguió</u> <u>buscar</u> el boli aunque <u>empezó</u> la primera parte del examen <u>hace</u> cinco
               a   b   c   d
   minutos.

8. <u>Las</u> autoridades dicen que los niveles avanzados son mejores <u>que</u> los <u>de los</u>
   a   b   c

   principiantes, pero realmente no <u>los son</u>.
                                        d

9. No <u>le</u> <u>interesan</u> mucho las matemáticas a <u>esos</u> estudiantes porque no <u>las</u> entienden
          a   b   c   d
   bien.

10. Ramón, no estudias <u>tanto</u> horas <u>como</u> <u>yo</u>; ¿no ves la importancia de <u>hacerlo</u>?
                          a   b c   d

El arte de escribir: Vocabulario

Instrucciones: Lea usted el pasaje siguiente. Luego escriba en la línea a continuación de cada número la forma de la palabra entre paréntesis que se necesita para completar el pasaje de manera lógica y correcta. Para recibir crédito, tiene que escribir y acentuar la palabra correctamente. Debe usted escribir UNA SOLA palabra en cada línea. Es posible que la palabra sugerida no requiera cambio alguno. Escriba la palabra en la línea aun cuando no sea necesario ningún cambio.

Sección I

Cuando yo era un bebé, el mundo era una ____(1)____ universidad y las clases nunca ____(2)____. Cuando me ____(3)____ a los cinco años, había ____(4)____ en gran parte mi actitud y mi modo de ____(5)____ durante la adolescencia. ____(6)____ importantes experiencias de cómo ____(7)____ y actuar ante la sociedad, como ____(8)____, vestirme y cuidarme; y cómo comunicar ____(9)____ pensamientos y deseos.

1. _____ (grande)
2. _____ (terminar)
3. _____ (graduar)
4. _____ (definir)
5. _____ (comportarse)
6. _____ (Tener)
7. _____ (sobrevivir)
8. _____ (alimentarse)
9. _____ (mi)

Sección II

Crecer y madurar son ____(1)____ tareas bastante ____(2)____ para ____(3)____ en tan poco tiempo. Por suerte, los bebés no ____(4)____ entre "aprender" y " ____(5)____ ", así que el secreto de todo este proceso ____(6)____ en ____(7)____ cada tarea como un ____(8)____ juego. Y los padres serán los protagonistas ____(9)____ de ____(10)____ interesante enseñanza.

1. _____ (un)
2. _____ (complicado)
3. _____ (aprender)
4. _____ (diferenciar)
5. _____ (divertirse)
6. _____ (consistir)
7. _____ (presentar)
8. _____ (divertido)
9. _____ (exclusivo)
10. _____ (este)

El arte de escribir: Verbos

Instrucciones: En cada una de las siguientes oraciones, se ha omitido un verbo. Complete usted cada oración escribiendo en la línea numerada la forma y el tiempo correctos del verbo entre paréntesis. Es posible que haga falta más de una palabra. En todo caso usted debe usar un tiempo del verbo entre paréntesis.

1. Describen a este chico como si él
   ____(1)____ muy mal educado.

1. _____ (ser)

2. El estudiante travieso siguió ____(2)____ a la profesora.

2. _____ (molestar)

3. Manuel y Juan, no hablen tanto.
   ____(3)____ bien.

3. _____ (portarse)

4. La carta oficial de la escuela nos dice que
   ____(4)____ un boli y un cuaderno.

4. _____ (traer)

5. Les prohíbo a los estudiantes que
   ____(5)____ aquí en la biblioteca.

5. _____ (hablar)

6. Vamos a ____(6)____ temprano para el primer día de clases.

6. _____ (levantarse)

7. María siempre termina su día ____(7)____ los apuntes.

7. _____ (repasar)

8. Lola estudiará tres horas en la biblioteca para ____(8)____ una buena nota.

8. _____ (sacar)

9. No ____(9)____ por el examen intermedio; vas a salir bien.

9. _____ (preocuparse)

10. Siempre me aburría cuando ____(10)____ el profesor.

10. _____ (hablar)

El arte de escribir: Ensayos

Instrucciones: Escriba EN ESPAÑOL un ensayo claramente expuesto y organizado sobre el siguiente tema. Se calificará su trabajo teniendo en cuenta la precisión y riqueza del vocabulario, la precisión gramatical y la organización. El ensayo debe tener una extensión mínima de 200 palabras.

Ensayo I: Las carreras

Se supone que uno está en la escuela para prepararse para una carrera. Hay algunos que dicen que cuanto más temprano empecemos la preparación para una carrera específica tanto mejor. Otros dicen que es más importante una preparación general en la que se desarrolle la capacidad de pensar, analizar y expresarse. Escriba un ensayo en el que Ud. discuta lo bueno y lo malo de estos dos puntos de vista.

Ensayo II: Idiomas extranjeros en un mundo que se encoge

En un mundo que constantemente se convierte más y más pequeño es difícil no darse cuenta de gente de otros países. En un ensayo discuta si es necesario saber otro idioma para llevarse bien en una época en que "el mundo es un pañuelo".

Ensayo III: Programas sociales en los colegios

En muchos colegios hay programas sociales sobre el uso y abuso de drogas, la sexualidad y las relaciones sexuales y otras conductas que podrían acarrear más problemas personales. Escriba un ensayo en el que discuta si los colegios deben de ser los lugares donde se enseña sobre problemas sociales. Considere el papel de la familia en este asunto.

Ensayo IV: Los idiomas extranjeros

En este país hay muchos que no estudian un idioma extranjero. Dan muchas razones para no hacerlo: todo el mundo habla inglés, es demasiado difícil, prefiero estudiar otras asignaturas, etc. Escriba un editorial para el periódico de su escuela en el que intente convencer a estas personas de que vale la pena estudiar y aprender un idioma extranjero.

_____

_____

_____

_____

Ensayo V: La futura minoría más grande

Dentro de poco la minoría más grande de los Estados Unidos será de los de ascendencia española e hispana. Dado este hecho discuta en un ensayo si es importante que las escuelas primarias y secundarias ofrezcan educación bilingüe en la que los de habla española puedan educarse en español e inglés.

_____

_____

_____

_____

Ensayo VI: El dinero y la educación

Muchas veces los jóvenes salen de su escuela para ganar dinero y nunca regresan para terminar su educación básica. Se dice que el dinero hace al hombre o a la mujer pero la educación lo/la hace señor/señora. Discuta este dicho con respecto a su situación personal y la situación de otros que Ud. conoce.

_____

_____

_____

_____

El arte de hablar: Serie de dibujos

Directions: You will now be asked to speak in Spanish about these pictures. Note that there are six pictures on the following pages. You will hear some instructions in Spanish. After these instructions, you will have two minutes to think about the pictures and two minutes to tell the story suggested by the pictures. Although you may spend more time describing what happens in some pictures than in others, be sure to talk about all of the pictures as you tell the story. In describing the pictures and the story they tell, you should use as much of the response time as possible. You will be scored not only for the appropriateness and grammatical correctness of your response, but also for the range of vocabulary, pronunciation, and overall fluency. If you hear yourself make an error as you are speaking, you should correct the error and continue speaking. Do not start your tape recorder until your are told to do so.

Instrucciones: Los dibujos que Ud. ve representan un cuento. Con la ayuda de ellos, trate usted de reconstruir esta historia.

Ahora empiece a pensar en los dibujos.

DIBUJO I

1

2

3

4

5

6

DIBUJO II

1

2

3

4

QUE TE MEJORES
CHOCOLATES

5

Curso Avanzado de Español
ZZZ

6

BIEN
VENID
!!

El arte de hablar: Preguntas y respuestas

Directions: Now you will be asked to respond to a series of questions. Listen carefully to each question, since your score will be based on your comprehension of the questions, as well as the appropriateness, grammatical accuracy, and pronunciation of your response. You should answer each question as extensively and fully as possible. If you hear yourself make an error, you should correct the error. If you are still responding when you hear the speaker say, "Now we will go on to the next question," stop speaking and listen. Do not be concerned if your response is incomplete.

Instrucciones: Serie de preguntas. Esta parte consiste en una serie de preguntas basadas en un tema específico. Usted tendrá que responder lo más preciso posible. Hay que tener cuidado con la precisión de vocabulario y de gramática. Se repetirá cada pregunta dos veces. Está bien corregirse y no se preocupe si no termina su respuesta dentro de los veinte segundos para su respuesta. Espere el tono para empezar a responder. La primera pregunta es de práctica. Después habrá cinco preguntas más.

Serie de preguntas número uno: El tema de esta serie de preguntas es la escuela.

CAPÍTULO VIII—EL MUNDO PROFESIONAL

(Política, profesiones, trabajo)

VOCABULARIO

ambición (f)

aplicación (f)

apoyo

aprovecharse

arqueológico

asistente (m)

aviso

candidata

candidato

capacidad (f)

capital (f)

carpintería

cliente (f, m)

código

colega (f, m)

comandante (m)

compañía

consultora

dato

derecho

despachado

electrónica

empleado

empresa

encargado

entrevistar

estuche (m)

etapa

éxito

experiencia

fábrica

fabricación (f)

fondo

forma

funcionario

ganar

goma

hallazgo

hipoteca

huelga

inauguración (f)

indicio

inmigrante (f, m)

instalaciones (f)

instruir

jefatura

jefe (m)

jubilación (f)

material (m)

matriz (f)

mercancía

mérito

motivo

niñera

niñero

organización (f)

organizado

orgullo

partidario

partido

patria

plástico

política

político

preso

prisionero

producción (f)

producto

productor (m)

progreso

propiedad (f)

realizar

recomendación (f)

reformar

registro

riqueza

rótulo

secretaria

taller (m)

trabajador (m)

Instrucciones: Ahora escuchará una serie de narraciones. Después de cada narración se le harán varias preguntas sobre lo que acaba de escuchar. Para cada pregunta elija la mejor respuesta de las cuatro opciones escritas en su libreta de examen.

NOW GET READY FOR THE NARRATIVE

1. a. A los miembros de su familia.
   b. Al presidente del país y los partidarios suyos.
   c. A la viuda y familia de uno de sus colegas.
   d. A los accionistas de la compañía.

2. a. El funeral del anterior presidente del país.
   b. El cambio de jefatura de una empresa.
   c. La jubilación del actual presidente de la compañía.
   d. El cumpleaños de un genio en la electrónica.

3. a. Alguien que conoce al nuevo jefe hace muchos años.
   b. Un funcionario importante de la compañía.
   c. El vicepresidente del país.
   d. Un pariente del anterior presidente.

4. a. Cuando murió su padre.
   b. Cuando estaba en la universidad.
   c. Cuando empezó a trabajar para la compañía.
   d. Cuando era muy joven.

5. a. Una muñeca eléctrica.
   b. Un equipaje de herramientas.
   c. Un radio portátil.
   d. Un rifle automático.

6. a. En juguetes electrónicos.
   b. En armas automáticas.
   c. En juguetes de plástico.
   d. En herramientas para la carpintería.

El arte de leer: Vocabulario

Instrucciones: Esta parte consiste en una serie de oraciones incompletas. Para cada una de las oraciones se ofrecen cuatro opciones para completarla. Elija la opción más apropiada.

1. Me parece que los candidatos tienen muchas promesas . . . Estoy muy cansado de escucharlas.
    a. significativas.
    b. esenciales.
    c. notables.
    d. vacías.

2. Poco a poco deciden . . . al político de su propio estado.
    a. reaccionar
    b. elegir
    c. acabar
    d. liberar

3. Una cuestión en esta elección es la libertad de . . .
    a. prensa.
    b. fuerza.
    c. apoyo.
    d. impresión.

4. Viajó por los Estados Unidos con misiones humanitarias y se cansó . . . de esa tarea.
    a. a gatas
    b. ceremoniosamente
    c. de pie
    d. pronto

5. La vida del candidato transcurre siempre . . . su ambición política y su sentimentalismo.
    a. hasta
    b. desde
    c. entre
    d. tras

6. La candidata es de un . . . bastante liberal.
    a. idealista
    b. triunfo
    c. cúmulo
    d. partido

7. Según . . . , la mayoría de los votantes no tiene tendencia política definida.
    a. la beca
    b. la encuesta
    c. la matrícula
    d. la hipoteca

8. Todos prometen . . . el sistema de sanidad pública.
    a. llenar
    b. ahorrar
    c. reformar
    d. limpiar

9. Le da . . . y dice; "Encantado. ¿Cómo está Ud.?"
    a. el gusto
    b. el conocido
    c. la edad
    d. la mano

10. El candidato se cansaba fácilmente . . . la campaña.
    a. en cuanto a
    b. encima de
    c. debajo de
    d. al fin de

El arte de leer: Gramática

Instrucciones: En esta parte, usted debe elegir la palabra o frase que complete la oración correctamente.

1. La inauguración . . . el próximo año, el 22 de enero.
   a. estará
   b. irá
   c. será
   d. habrá

2. La promesa de este candidato nos importa mucho, pero no tanto como . . . de ése.
   a. aquel
   b. este
   c. el
   d. la

3. Las guitarras de los hermanos Martínez no son tan caras como . . .
   a. mis.
   b. los nuestros.
   c. los suyos.
   d. las mías.

4. La madera ha sido . . . pulida y brilla como si fuera un diamante.
   a. meticulosa
   b. meticulosamente
   c. meticuloso
   d. meticulosas

5. Hay demasiados instrumentos en la vitrina y no sé . . . comprar.
   a. lo que
   b. que
   c. donde
   d. qué

6. Mucho de . . . ve, Sr. Fernández, está a la venta.
   a. que
   b. cual
   c. lo que
   d. qué

7. Entre . . . mercancías, no podía decidir qué quería.
   a. tantas
   b. tantos
   c. tan
   d. tales como

8. Al . . . la frontera de mi patria, empecé a llorar.
   a. viendo
   b. ver
   c. visto
   d. veo

9. ¿A quiénes . . . manda Ud. la cuenta?
   a. le
   b. la
   c. los
   d. les

10. Este trabajo no es . . . difícil como el suyo.
    a. tanto
    b. más
    c. tan
    d. lo

El arte de leer: Gramática incorrecta

Instrucciones: En las siguientes oraciones, usted debe elegir la parte que hay que CAMBIAR para que cada oración sea gramaticalmente correcta.

1. <u>Este</u> político siempre <u>ha estado</u> muy optimista aunque nunca <u>tiene</u> éxito cuando <u>hace</u>

  a   b   c   d

una campaña.

2. Los Villagra se <u>habían divorciados</u> cuando <u>aquel</u> abogado <u>llegó</u> a <u>su</u> pueblo.

                         a   b   c   d

3. Paco, <u>hablas</u> como si <u>estás</u> <u>celoso</u>; <u>déjalo</u> por favor.

        a   b   c   d

4. La próxima semana <u>estoy trabajando</u> medio tiempo <u>para</u> la fábrica <u>donde</u> los empleados

                            a   b   c

están <u>en</u> huelga.

      d

5. Soy <u>una</u> <u>estudiante buena</u> pero comparto mi cuarto con tres estudiantes <u>quienes</u>

      a   b   c

escuchan el estéreo todo el día y que siempre tienen algunos amigos <u>de</u> visita.

                                                                         d

6. Es importante que <u>completes</u> una ficha con datos <u>personales</u> antes de <u>entrevistarse</u>

                              a   b   c

con el jefe.

 d

7. Les aviso que la empresa no <u>sea</u> <u>responsable</u> <u>de</u> los daños corporales <u>ni</u> de los objetos

                                 a   b   c   d

perdidos.

8. <u>El único</u> problema es <u>que</u> la guía es <u>demasiado</u> seria y no <u>les</u> gustan los jóvenes

    a   b   c   d

chistosos.

9. El orgullo <u>que</u> los jardineros <u>sienten</u> <u>para</u> la ciudad se <u>refleja</u> en los parques y las

              a   b   c   d

plazas.

10. En la política de <u>aquella</u> ciudad, la mayoría de los ciudadanos <u>son</u> de la izquierda; y

                        a   b

de <u>ésos</u>, unos pocos son <u>comunistas.</u>

   c   d

Instrucciones: Lea con cuidado cada uno de los pasajes siguientes. Cada pasaje va seguido de varias preguntas u oraciones incompletas. Elija la mejor respuesta o terminación, de acuerdo al pasaje.

Una visita al taller de Yacopi comienza con un recorrido en auto desde el centro de Buenos Aires hacia el norte, bordeando la costa del río de la Plata, a través de barrios acomodados, como Palermo, Núñez, Olivos y San Isidro, hasta llegar al suburbio de San Fernando. La casa cómoda pero no ostentosa del maestro no se distingue por cartel alguno y, en realidad, no ofrece el más ligero indicio de los tesoros que encierra. Inclusive al recorrer el largo pasillo que lleva hasta el fondo de la propiedad, se perciben escasas pistas: troncos cortados horizontalmente y tendidos a secar, el aroma de cedro recién cortado que flota en el aire, el distante gemido del equipo de energía que brota de lo que finalmente se revela como el taller.

Yacopi recibe a los visitantes en la puerta con los ojos chispeando en una sonrisa y su voz rebosa jovialidad cuando exclama: "¡Aquí hacemos instrumentos musicales, no muebles!". La advertencia se justifica porque el lugar parece una fábrica de armarios y solamente a lo largo de un recorrido de las instalaciones va descubriéndose gradualmente la identidad del producto que de allí sale.

Mucho de lo que en el futuro serán guitarras es un mero despliegue de partes, vale decir cuellos, mástiles con traste, tapas de caja y otros elementos que componen el cuerpo del instrumento, en distintas etapas de formación y terminación. Otros instrumentos en ciernes van cobrando forma en matrices y pronto serán encolados y envueltos en bandas de goma cortadas de cámaras usadas, para mantener las partes en su lugar mientras el adhesivo se asienta.

Los instrumentos casi terminados no están a la vista, sino que reposan en una cámara especial de secado en cuyo interior se mantiene una temperatura constante que combate la humedad excesiva, típica de las riberas del río de la Plata. Una vez que los instrumentos han sido cuidadosamente pulidos y terminados con lustre a muñeca (consistente en la aplicación manual de una mezcla de laca y alcohol con un paño) son probados rigurosamente, desde los registros bajos a los agudos, y luego guardados en sus respectivos estuches de cuero, listos para ser despachados. Las guitarras no languidecen mucho tiempo en el taller, porque el maestro tiene una larga lista de clientes que aguardan ansiosamente su limitada producción.

1. ¿Dónde está situado el taller de Yacopi?
   a. En las riberas del río de la Plata.
   b. En Buenos Aires.
   c. Lejos de la capital argentina.
   d. En un barrio acomodado.

2. Al llegar, ¿cuáles son los primeros indicios de que se visita un taller?
   a. Un rótulo que anuncia el motivo de la fábrica.
   b. Las exclamaciones de Yacopi al llegar el visitante.
   c. Los troncos y el olor a madera.
   d. Los suburbios acomodados donde está.

3. Al entrar en el taller, ¿cómo se encuentran las guitarras?
   a. En todas partes listas para vender.
   b. En varias etapas de fabricación.
   c. De toda clase y de toda calidad.
   d. De mal estado listas para ser reparadas.

4. ¿Qué tipo de taller tiene Yacopi?
   a. Es un taller de muebles muy finos y caros.
   b. Es una fábrica de guitarras de concierto.
   c. Es una tienda de varios tipos de instrumentos musicales.
   d. Es un lugar donde se producen piezas para vender.

5. ¿Cuál es el último paso en la construcción de una guitarra?
   a. La pulen para atraer a los clientes.
   b. Se la seca en un cuarto especial.
   c. Es tocada con mucho cuidado por la calidad del sonido.
   d. La ponen en un cuarto especial a secar.

6. ¿Por qué es necesario guardar los instrumentos casi terminados en una cámara de secado?
   a. Para secar la humedad natural del cedro usado en la guitarra.
   b. Para preservar mejor la condición material de la guitarra.
   c. Para impresionar a los clientes.
   d. Por la excesiva humedad de esta área de la Argentina.

El arte de escribir: Vocabulario

Instrucciones: Lea usted el pasaje siguiente. Luego escriba en la línea a continuación de cada número la forma de la palabra entre paréntesis que se necesita para completar el pasaje de manera lógica y correcta. Para recibir crédito, tiene que escribir y acentuar la palabra correctamente. Debe usted escribir UNA SOLA palabra en cada línea. Es posible que la palabra sugerida no requiera cambio alguno. Escriba la palabra en la línea aun cuando no sea necesario ningún cambio.

Sección I

Al principio del siglo el trabajo en el campo era difícil, pero lo era todavía más si los trabajadores _____(1)_____ inmigrantes que _____(2)_____ a los EE. UU. sin papeles, sin conocer _____(3)_____ derechos y con la urgencia de _____(4)_____ dinero para enviarlo a sus familias. Todo ello favorecía que _____(5)_____ lugares como El Pirul, un campamento en la costa Oeste. Como nos lo _____(6)_____ Francisco García, no _____(7)_____ agua potable, ni alcantarillas, ni calefacción. Pero los trabajadores, la mayoría hispanos, _____(8)_____ la esperanza del progreso mientras _____(9)_____ por _____(10)_____ a sus familias allí.

1. _____ (ser)

2. _____ (llegar)

3. _____ (su)

4. _____ (ganar)

5. _____ (surgir)

6. _____ (describir)

7. _____ (haber)

8. _____ (mantener)

9. _____ (luchar)

10. _____ (traer)

Sección II

Durante los doce años que vivió en El Pirul nadie ____(1)____ a Pedro Arredondo sobre las leyes de salubridad de los Estados Unidos ni sobre los códigos de vivienda. Por eso él y las treinta familias del campamento se ____(2)____ cuando casi ____(3)____ docena de empleados del condado de Santa Clara, California, ____(4)____ un día de agosto y les ____(5)____ que se ____(6)____ que mudar. En dos semanas ellos ____(7)____ a desmantelar el campamento El Pirul, que se ____(8)____ así por un árbol de pimienta ____(9)____ en el centro.

1. _____ (instruir)

2. _____ (sorprender)

3. _____ (un)

4. _____ (aparecer)

5. _____ (decir)

6. _____ (tener)

7. _____ (ir)

8. _____ (llamar)

9. _____ (sembrado)

Sección III

Tres años atrás, Vicky Rivas-Vázquez supo, durante un viaje a la capital con su escuela _____(1)_____, que _____(2)_____ vivir en Washington. De regreso a Miami, donde _____(3)_____, no _____(4)_____ de repetir que ____(5)____ experiencia ____(6)____ una diferencia en su vida. Así _____(7)_____. La joven _____(8)_____ de 29 años _____(9)_____ hoy en Washington donde trabaja en la Casa Blanca como secretaria de prensa asistente del presidente Bill Clinton. Es la encargada de que las opiniones del presidente se _____(10)_____ por radio y televisión por el mundo. Antes ____(11)____ productora en Univisión. "Allí me preparé para _____(12)_____ con éxito _____(13)_____ tareas", afirma.

1. _____ (superior)
2. _____ (querer)
3. _____ (residir)
4. _____ (cesar)
5. _____ (ese)
6. _____ (hacer)
7. _____ (ser)
8. _____ (cubano)
9. _____ (vivir)
10. _____ (transmitir)

11. _____ (ser)
12. _____ (realizar)
13. _____ (mi)

El arte de escribir: Verbos

Instrucciones: En cada una de las siguientes oraciones, se ha omitido un verbo. Complete usted cada oración escribiendo en la línea numerada la forma y el tiempo correctos del verbo entre paréntesis. Es posible que haga falta más de una palabra. En todo caso usted debe usar un tiempo del verbo entre paréntesis.

1. ____(1)____ su fecha de nacimiento aquí y firme su nombre abajo.

2. Ayer fue su primer día de trabajo y los hermanos ____(2)____ mucho.

3. Anoche no podía oírte. ¿Qué ____(3)____ a decirme?

4. Voy a comprarlo cuando ellos ____(4)____ el precio.

5. Tienes que ____(5)____ temprano si quieres llegar a tiempo tu primer día de trabajo.

6. Busco empleo que me ____(6)____ la oportunidad de ganar un buen sueldo.

7. Después de haber ____(7)____ la mesa, la camarera nos trajo la carta.

8. La recepcionista dijo que la especialista me ____(8)____ la semana pasada.

9. El obrero cree que ____(9)____ más dinero de hoy en adelante.

10. Me gustaría que Ud. no nos ____(10)____ tal cosa.

1. _____ (escribir)

2. _____ (divertirse)

3. _____ (ir)

4. _____ (rebajar)

5. _____ (despertarse)

6. _____ (dar)

7. _____ (poner)

8. _____ (llamar)

9. _____ (merecer)

10. _____ (prometer)

El arte de escribir: Ensayos

Instrucciones: Escriba EN ESPAÑOL un ensayo claramente expuesto y organizado sobre el siguiente tema. Se calificará su trabajo teniendo en cuenta la precisión y riqueza del vocabulario, la precisión gramatical y la organización. El ensayo debe tener una <u>extensión mínima de 200 palabras</u>.

Ensayo I: La responsabilidad de cuidar a los niños

Uno de los trabajos más fáciles de conseguir para un/a joven es el de niñero o de niñera. Aunque muchas veces el motivo es el de ganar dinero este trabajo requiere mucha responsabilidad. Escriba sobre esta responsabilidad y los posibles peligros a los que se enfrenta un niñero o una niñera.

_____

_____

_____

_____

Ensayo II: Una recomendación

Ya que está Ud. acercándose al fin de su educación secundaria es posible que pida la matrícula a una universidad. Escriba una recomendación para Ud. como si fuera un amigo de la familia. Incluya comentarios sobre su capacidad intelectual, su motivación, sus intereses, sus fuerzas, sus flaquezas, etc.

_____

_____

_____

_____

El arte de hablar: Serie de dibujos

Directions: You will now be asked to speak in Spanish about these pictures. Note that there are six pictures on the following pages. You will hear some instructions in Spanish. After these instructions, you will have two minutes to think about the pictures and two minutes to tell the story suggested by the pictures. Although you may spend more time describing what happens in some pictures than in others, be sure to talk about all of the pictures as you tell the story. In describing the pictures and the story they tell, you should use as much of the response time as possible. You will be scored not only for the appropriateness and grammatical correctness of your response, but also for the range of vocabulary, pronunciation, and overall fluency. If you hear yourself make an error as you are speaking, you should correct the error and continue speaking. Do not start your tape recorder until your are told to do so.

Instrucciones: Los dibujos que Ud. ve representan un cuento. Con la ayuda de ellos, trate usted de reconstruir esta historia.

Ahora empiece a pensar en los dibujos.

DIBUJO I

1

2

3

4

5

6

Directions: Now you will be asked to respond to a series of questions. Listen carefully to each question, since your score will be based on your comprehension of the questions, as well as the appropriateness, grammatical accuracy, and pronunciation of your response. You should answer each question as extensively and fully as possible. If you hear yourself make an error, you should correct the error. If you are still responding when you hear the speaker say, "Now we will go on to the next question," stop speaking and listen. Do not be concerned if your response is incomplete.

Instrucciones: Serie de preguntas. Esta parte consiste en una serie de preguntas basadas en un tema específico. Usted tendrá que responder lo más preciso posible. Hay que tener cuidado con la precisión de vocabulario y de gramática. Se repetirá cada pregunta dos veces. Está bien corregirse y no se preocupe si no termina su respuesta dentro de los veinte segundos para su respuesta. Espere el tono para empezar a responder. La primera pregunta es de práctica. Después habrá cinco preguntas más.

Serie de preguntas número uno: El tema de esta serie de preguntas es el trabajo.

NOW YOU WILL HEAR THE SECOND SERIES OF QUESTIONS

Serie de preguntas número dos: El tema de esta serie de preguntas es la carrera profesional.

CAPÍTULO IX—LAS RELACIONES PERSONALES

(Características físicas, emociones, familia, personalidad)

VOCABULARIO

admirar	calma	descreído
adulto	característica	desdicha
afecto	cariño	desesperado
aficionado	cariñoso	desordenado
agradar	carismático	dignidad (f)
agradecer	celos	divorciarse
alegría	compañero	duelo
alto	compartir	edad (f)
amar	compasión (f)	educado
ambiente (m)	competente	embarazada
amigo	conducta	enamorarse
amistad (f)	conflicto	enchufado
amor (m)	conformarse	especialista (f, m)
aniversario	confuso	esposo
atención (f)	consejo	estricto
aterrado	coraje (m)	experto
avergonzado	corazón (m)	familia
bebé (m)	cualidad (f)	familiar
besar	delgado	feliz
bigote (m)	deprimido	feroz

festivo	matrimonio	respecto
fiel	mimado	respetar
finanzas	mujer (f)	responsabilidad (f)
frívolo	nacer	serio
gordo	nacimiento	sobrino
hermano	niñero	soltero
hijo	niñez (f)	tranquilo
hijos	niño	travieso
hombre (m)	novio	vago
homenaje (m)	odiar	valentía
humilde	orgullo	valiente
individualidad (f)	padre (m)	viejo
individuo	padres (m)	virtudes (f)
insoportable	pareja	
insultar	pariente (m)	
intenso	parto	
jefatura	perezoso	
líder (m)	precoz	
madre (f)	reconciliarse	
madurez (f)	regalo	
marido	relación (f)	
matrimonial	religioso	

El arte de escuchar: Diálogos cortos

Instrucciones: Escuchará usted una serie de diálogos. Después de cada diálogo se le harán varias preguntas sobre lo que acaba de escuchar. Para cada pregunta elija la mejor respuesta de las cuatro opciones escritas en su libreta de examen.

NOW GET READY FOR THE FIRST DIALOGUE

1. a. Al cine con unos amigos.
    b. A un coctel con unos amigos.
    c. De vacaciones por una semana.
    d. A casa de unos amigos.

2. a. La hija de los Fuster.
    b. Una amiga de la Sra. Fuster.
    c. La niñera de los niños.
    d. La criada de la familia Fuster.

3. a. Acostar a los niños.
    b. Contestar el teléfono.
    c. Cerrar la puerta.
    d. Dar de comer a los niños.

4. a. El novio de Carmen.
    b. Ramón.
    c. Un compañero de los hijos de los Fuster.
    d. Un amigo.

5. a. Su vida social.
    b. El bienestar de los niños.
    c. Su novio.
    d. Su amiga, Pepa.

Instrucciones: Esta parte consiste en una serie de oraciones incompletas. Para cada una de las oraciones se ofrecen cuatro opciones para completarla. Elija la opción más apropiada.

Sección I

1. El hermano mayor es generalmente muy competente en . . . de sus hermanitos.
    - a. el cuidado
    - b. la fantasía
    - c. la quejica
    - d. el algodoncito

2. La familia tradicional tampoco ha podido escapar de . . . de la vida moderna.
    - a. las tazas
    - b. los canales
    - c. las presiones
    - d. los corazones

3. La dieta para . . . debe incluir las proteínas, el calcio, y el hierro.
    - a. el ayuno
    - b. la embarazada
    - c. la costilla
    - d. el halago

4. A Verónica le gusta comer mucho, . . . cuando está muy deprimida.
    - a. al fin y al cabo
    - b. a propósito
    - c. basta
    - d. sobre todo

5. La recepcionista está . . . el número del restaurante para el extranjero.
    - a. colgando
    - b. abrazando
    - c. marcando
    - d. subiendo

6. Es muy importante . . . los biberones.
    - a. esterilizar
    - b. aplicar
    - c. alimentar
    - d. desaparecer

7. Se porta muy mal ese niño; es muy . . .
    - a. serio.
    - b. fiel.
    - c. insoportable.
    - d. humilde.

8. Para averiguar qué pasó esta noche, voy a . . . con él.
    - a. conversar
    - b. manifestar
    - c. sentir
    - d. resolver

9. Cuando Paca cuida a Paula y a Rita, . . . los números de teléfono de todos sus amigos. Después de acostarlas, los llama.
    - a. se olvida de
    - b. lleva
    - c. visita
    - d. lucha

10. Diles a los niños que se comporten bien. ¡Que . . . son!
    - a. mareados
    - b. preferidos
    - c. listos
    - d. mal educados

Sección II

1. Una relación buena tiene una comunidad de intereses que sigue . . .
   - a. desarrollándose.
   - b. imaginándose.
   - c. quejándose.
   - d. embarcándose.

2. Quiere de todo; es una persona muy . . .
   - a. perezosa.
   - b. fiel.
   - c. mimada.
   - d. valiente.

3. Mira, Mario, este hombre y esta mujer se quieren mucho. Me parecen una . . . muy contenta.
   - a. pelea
   - b. pareja
   - c. novedad
   - d. mueca

4. Busco una novia que sea tranquila, cariñosa, y . . .
   - a. apacible.
   - b. terca.
   - c. avergonzada.
   - d. traviesa.

5. Para poder amar con madurez, es importante expresar las ideas y los sentimientos . . .
   - a. recientemente.
   - b. abiertamente.
   - c. secamente.
   - d. antipáticamente.

6. Debes . . . la mantequilla del frigorífico y agregarla a los huevos.
   - a. enfríar
   - b. remojar
   - c. limpiar
   - d. sacar

7. El robot funciona con . . .
   - a. pilas.
   - b. recetas.
   - c. ollas.
   - d. cubitos.

8. El tostador no está . . . No pasa nada.
   - a. fregado.
   - b. hervido.
   - c. enchufado.
   - d. pelado.

9. El perro está picado de pulgas. Está . . .
   - a. planchándose.
   - b. rascándose.
   - c. mezclándose.
   - d. virtiéndose.

10. Hubo una explosión, . . .
    - a. de repente.
    - b. no hay de qué.
    - c. qué sé yo.
    - d. basta.

El arte de leer: Gramática

Instrucciones: En esta parte, usted debe elegir la palabra o frase que complete la oración correctamente.

1. Si necesitas ayuda con los niños, Carmen, . . .
   - a. llámeme.
   - b. llámame.
   - c. no me llames.
   - d. me llama.

2. Son las seis y media y los niños se acuestan a las diez. . . . que acostarlos después de que salgamos.
   - a. Tuvo
   - b. Ha tenido
   - c. Tendrá
   - d. Tenía

3. Los padres están fuera de la casa . . . tres horas.
   - a. por
   - b. de
   - c. para
   - d. a

4. Tenía diez años cuando . . . mi hermanita.
   - a. nacía
   - b. nació
   - c. había nacido
   - d. naciese

5. La chica nunca se comportaba bien ni obedecía a . . .
   - a. algo.
   - b. nadie.
   - c. alguien.
   - d. ningún.

6. La niñera que ayudó a mi madre era una mujer que antes . . . a los niños de muchas familias del barrio.
   - a. ha cuidado
   - b. cuidara
   - c. cuidará
   - d. había cuidado

7. . . . echo la culpa a mis padres de haberme obligado a quedarme en casa.
   - a. La
   - b. Los
   - c. Les
   - d. Le

8. No dejo que mi hija . . . de la casa después de las siete.
   - a. sale
   - b. salga
   - c. saldrá
   - d. saldría

9. No se vestía . . . descansaba.
   - a. pero
   - b. sino
   - c. sino que
   - d. o

10. Si yo fuera usted, . . . a los padres.
    - a. llamara
    - b. llamaría
    - c. llamaré
    - d. llamo

El arte de leer: Gramática incorrecta

Instrucciones: En las siguientes oraciones, usted debe elegir la parte que hay que CAMBIAR para que cada oración sea gramaticalmente correcta.

1. Si <u>pudiera</u> <u>darle</u> consejos a mi hija, le <u>diría</u> que no <u>se case</u> sin conocer bien a su novio.
    a   b   c   d

2. La pareja que <u>está</u> para <u>casarse</u> busca una casa que <u>es</u> bastante grande con tres o
             a   b   c
<u>cuatro</u> alcobas.
  d

3. No me <u>queda</u> muchos quehaceres porque Elena me <u>ha</u> <u>ayudado</u> <u>por</u> la mañana.
       a   b   c   d

4. Marcos no cree que ni sus hermanos <u>ni</u> él <u>deben</u> <u>tener</u> responsabilidades familiares
                              a   b   c
aunque <u>reciben</u> dinero de sus padres.
      d

5. Mamá, María Elena <u>lava</u> menos platos <u>de</u> <u>yo</u> y cada día pasa <u>lo</u> mismo.
                a   b c   d

6. ¡<u>Lo</u> importante es que <u>tenemos</u> una relación <u>en la que</u> <u>lo</u> compartamos todo!
  a   b   c   d

7. Si yo <u>compraré</u> estos zapatos <u>que</u> están al lado de <u>los negros</u>, <u>tendrás</u> que comprar ésos.
       a   b   c   d

8. Cuando Juan y Margarita <u>llamaron</u> a sus hijos, la niñera <u>contestó</u> y <u>les</u> dijo que la
                      a   b   c
tele <u>fue</u> descompuesta.
   d

9. ¿Qué hora <u>fue</u> cuando <u>llegó</u> Juan para <u>llevar</u> a Bárbara al cine?
  a   b   c   d

10. ¿No te <u>pareció</u> a ti <u>mejor</u> que <u>llegaron</u> <u>más</u> temprano los padres?
       a   b   c   d

El arte de leer: Lectura

Lectura I

El vértigo de Paquita Juárez fue un estado crónico desde que la casaron, muy joven, con D. Antonio María Zapata, que le doblaba la edad, intendente de ejército, excelente persona, de holgada posición por su casa, como la novia, que también poseía bienes raíces de mucha cuenta. Sirvió Zapata en el ejército de Africa, y pasó a la Dirección del ramo. Establecido el matrimonio en Madrid, le faltó tiempo a la señora para poner su casa en un pie de vida frívola que pronto salió de todo límite de prudencia, y no tardaron en aparecer los atrasos, las irregularidades, las deudas. Hombre ordenadísimo era Zapata pero de tal modo le dominaba su esposa, que hasta le hizo perder sus cualidades eminentes; y el que tan bien supo administrar los caudales del ejército, veía perderse los suyos, olvidado del arte para conservarlos. Tan notorio fue ya el desorden, que Zapata, aterrado, viendo venir el trueno gordo, hubo de vencer la modorra en que su cara mitad le tenía, y se puso a hacer números y a querer establecer método y razón en el gobierno de su hacienda; pero cuando más engolfado estaba el hombre en su aritmética, cogió una pulmonía, y pasó a mejor vida, dejando dos hijos de corta edad: Antoñito y Obdulia.

1. Doña Paquita sufría de un vértigo sin duda porque
   a. le faltaba tiempo para producir una vida superficial.
   b. le tenía miedo a su marido.
   c. tenía muchas deudas.
   d. la casaron sus padres con un viejo.

2. Don Antonio fue administrador de
   a. bienes raíces de importancia.
   b. su casa matrimonial.
   c. una empresa madrileña.
   d. provisiones para el ejército.

3. A Zapata se le olvidó el arte de consevación porque
   a. era muy viejo.
   b. permitió que su esposa lo dominara.
   c. era un hombre desordenado.
   d. se asustó y no pudo recordar su aritmética.

4. La vida frívola de doña Paquita produjo
   a. un vértigo crónico en su marido.
   b. la dominación de don Antonio.
   c. problemas financieros.
   d. mucha popularidad entre sus amigos.

5. Cuando por fin decidió ponerle orden a su casa
   a. se murió.
   b. pudo controlar los gastos.
   c. su esposa se lo agradeció.
   d. dejó a sus dos hijos en casa.

Lectura II

Era yo de bien corta edad cuando nació mi hermana Rosario. De aquel tiempo guardo un recuerdo confuso y vago y no sé hasta qué punto relataré fielmente lo sucedido; voy a intentarlo sin embargo, pensando que si bien mi relato pueda pecar de impreciso, siempre estará más cerca de la realidad que las figuraciones que, de imaginación y a ojo de buen cubero, pudiera usted hacerse.

Me acuerdo de que hacía calor la tarde en que nació Rosario; debía ser por julio o por agosto. El campo estaba en calma y agostado y las chicharras, con sus sierras, parecían querer limarle los huesos a la tierra; las gentes y las bestias estaban recogidas y el sol, allá en lo alto, como señor de todo, iluminándolo todo, quemándolo todo . . .

Los partos de mi madre fueron siempre muy duros y dolorosos; era medio machorra y algo seca y el dolor era en ella superior a sus fuerzas. Como la pobre nunca fue un modelo de virtudes ni de dignidades y como no sabía sufrir y callar, como yo, lo resolvía todo a gritos. Llevaba ya gritando varias horas cuando nació Rosario, porque—para colmo de desdichas—era de parto lento. Ya lo dice el refrán: mujer de parto lento y con bigote . . . (la segunda parte no la escribo en atención a la muy alta persona a quien estas líneas van dirigidas).

Asistía a mi madre una mujer del pueblo, la señora Engracia, la del cero, especialista en duelos y partera, medio bruja y un tanto misteriosa, que había llevado consigo unas mixturas que aplicaba en el vientre de mi madre por aplacarle el dolor, pero como ésta, con ungüento o sin él, seguía dando gritos hasta más no poder, a la señora Engracia no se le ocurrió mejor cosa que tacharla de descreída y mala cristiana, y como en aquel momento los gritos de mi madre arreciaban como el vendaval, yo llegué a pensar si no sería cierto que estaba endemoniada. Mi duda poco duró, porque pronto quedó esclarecido que la causa de las desusadas voces había sido mi nueva hermana.

1. ¿A quién se dirige el narrador?
    a. A una persona de alto oficio.
    b. A un amigo suyo.
    c. A su hermana.
    d. A su madre.

2. El ruido que hacen las chicharras indica
    a. el nacimiento de Rosario.
    b. la pobreza de la gente.
    c. el estado de ánimo del narrador.
    d. el calor feroz que hacía.

3. ¿Cómo siempre habían sido los partos de la madre?
    a. Endemoniados y misteriosos.
    b. Difíciles y de mucho dolor.
    c. Ruidosos y desagradables.
    d. Largos y confusos.

4. ¿Cómo era la madre del narrador?
    a. Una mala cristiana.
    b. Una mujer vanidosa y frívola.
    c. Una persona sin mucho orgullo.
    d. Un modelo de coraje y valentía.

5. ¿Qué papel tiene la señora Engracia en el pueblo?
    a. Es una especialista médica.
    b. Es una amiga de las madres embarazadas.
    c. Es una enfermera importante.
    d. Es una curandera.

6. ¿Qué actitud tiene el narrador hacia el nacimiento de su hermana?
    a. Le echa la culpa por haberle hecho sufrir a su madre.
    b. Ya no tiene una opinión fuerte de lo sucedido.
    c. Lo recuerda con confusión y duda.
    d. Desea que nunca hubiera ocurrido.

Lectura III

El dinero. ¡Cómo lo necesitamos! Y cuanto antes se aprenda a administrarlo, mejor. Hasta los niños más chicos pueden aprender a gastar su dinero y a ahorrar. Si se acostumbran a hacerlo, les será más fácil administrar sus ganancias cuando sean mayores.

El nacimiento de un bebé es un buen momento para evaluar su filosofía personal del dinero. ¿Suele Ud. ir de compras para recompensarse adquiriendo artículos de lujo muy por encima de su presupuesto? ¿O cuenta tanto los centavos que no disfruta con lo que gana? ¿Se ciñe a un presupuesto de acuerdo a sus ingresos? Dicen que no hay mejor profesor que el ejemplo, así que si quiere servir de modelo a sus hijos deberá empezar por organizar su economía.

Existen una serie de principios que hay que respetar. No utilice jamás el dinero como soborno o como sustituto del cariño o del tiempo que se da a los niños. No les diga nunca, por ejemplo: "Si te portas bien, te compro un helado". Hay que ayudar a los niños a comprender que la buena conducta debe ser motivada por el amor, no por el dinero—o estará creando un manipulador en potencia.

Si es padre o madre soltera, procure que el dinero no se convierta en un motivo de batalla. No cubra de regalos a sus hijos para "comprar" su afecto, y si está luchando por obtener manutención para ellos, no deje que los niños se sientan culpables por ello.

Puede preparar el futuro de un bebé abriéndole una cuenta de ahorros en el momento en que nace. Allí se pueden acumular los cheques de regalo de los parientes, después de adquirir lo esencial para el cuidado del niño.

1. Según el artículo, es importante que los padres usen bien el dinero
   a. para que los hijos tengan más opciones en la vida.
   b. para que los padres se recompensen la falta de amor.
   c. para que los niños se comporten bien.
   d. para que los hijos aprendan a administrarlo bien.

2. Según el artículo, ¿por qué es importante que los padres evalúen su filosofía del dinero?
   a. Porque los padres deben aprender a ahorrar y gastar bien.
   b. Porque los padres deben ajustarse a un presupuesto adecuado.
   c. Porque un matrimonio feliz depende de ello.
   d. Porque uno va a ser modelo a sus hijos.

3. ¿Por qué no debe convertirse en motivo de batalla el dinero?
   a. Porque es posible que los padres se divorcien.
   b. Porque los hijos intentarán comprar el amor.
   c. Porque uno debe enseñarles bien a sus hijos a ahorrar.
   d. Porque se debe estimular sólo un amor verdadero.

4. ¿Cuáles son dos probables tipos de personas mencionadas?
   a. Las que se divierten y las que no disfrutan lo que ganan.
   b. Las que gastan más del que tienen y las que cuentan cada peso.
   c. Las que no se divierten y las que ahorran más del que gastan.
   d. Las que no administran bien sus finanzas y las que ahorran cada centavo.

5. ¿Cómo se puede preparar el futuro económico de un niño?
   a. Abriéndole una cuenta en el banco.
   b. Procurando que los parientes le den dinero al niño.
   c. Ahorrando y gastando el dinero del niño.
   d. Ajustándole a un presupuesto de acuerdo a sus ingresos.

Lectura IV

Una tarde, mi hermana Antonia me tomó de la mano para llevarme a la Catedral. Antonia tenía muchos años más que yo. Era alta y pálida, con los ojos negros y la sonrisa un poco triste. Murió siendo yo niño. ¡Pero cómo recuerdo su voz y su sonrisa y el hielo de su mano cuando me llevaba por las tardes a la Catedral! . . . Sobre todo, recuerdo sus ojos y la llama luminosa y trágica con que miraban a un estudiante que paseaba en el atrio, embozado en una capa azul. Aquel estudiante a mí me daba miedo. Era alto y cenceño, con cara de muerto y ojos de tigre, unos ojos terribles bajo el entrecejo fino y duro. Para que fuese mayor su semejanza con los muertos, al andar le crujían los huesos de la rodilla. Mi madre le odiaba, y por no verle tenía cerradas las ventanas de nuestra casa, que daban al atrio de las Platerías. Aquella tarde recuerdo que paseaba, como todas las tardes, embozado en su capa azul. Nos alcanzó en la puerta de la Catedral, y sacando por debajo del embozo su mano de esqueleto, tomó agua bendita y se la ofreció a mi hermana, que temblaba. Antonia le dirigió una mirada de súplica, y él murmuró con una sonrisa:

—¡Estoy desesperado!

Siguieron algunas tardes de lluvia. El estudiante paseaba en el atrio de la Catedral durante los escampos, pero mi hermana no salía para rezar las Cruces. Yo, algunas veces, mientras estudiaba mi lección en la sala llena con el aroma de las rosas marchitas, entornaba una ventana para verle. Paseaba solo con una sonrisa crispada, y al anochecer su aspecto de muerto era tal, que daba miedo. Yo me retiraba temblando de la ventana, pero seguí viéndole, sin poder aprenderme la lección . . . Maullaba el gato tras de la puerta, y me parecía conformaba su maullido sobre el nombre del estudiante:

¡Máximo Bretal!

1. ¿Cómo era el narrador?
   a. Era mucho más joven que su hermana.
   b. Era aficionado a los gatos.
   c. Era una estudiante precoz.
   d. Era dependiente de su hermana.

2. ¿Cómo era el estudiante?
   a. Muy melancólico.
   b. Muy carismático.
   c. Muy bajo.
   d. Muy religioso.

3. ¿Qué pensaba del estudiante la hermana del narrador?
   a. Le tenía piedad al estudiante.
   b. Le parecía un joven desesperado.
   c. Le tenía miedo.
   d. Le fascinaba.

4. ¿Qué hacía a veces el narrador mientras estudiaba?
   a. Se retiraba de miedo de la ventana.
   b. Olía las rosas muertas.
   c. Pensaba en como su hermana miraba al estudiante.
   d. Espiaba al estudiante desde su casa.

5. ¿Por qué asustaba el estudiante al narrador?
   a. Le miraba con ojos terribles.
   b. Se iba escondido bajo una capa azul.
   c. Tenía aspecto de cadáver.
   d. El narrador era demasiado joven para tenerle compasión.

6. El narrador creía que la voz del gato
   a. venía del infierno.
   b. decía el nombre del estudiante.
   c. era del estudiante.
   d. se quejaba de no tener comida.

El arte de escribir: Vocabulario

Instrucciones: Lea usted el pasaje siguiente. Luego escriba en la línea a continuación de cada número la forma de la palabra entre paréntesis que se necesita para completar el pasaje de manera lógica y correcta. Para recibir crédito, tiene que escribir y acentuar la palabra correctamente. Debe usted escribir UNA SOLA palabra en cada línea. Es posible que la palabra sugerida no requiera cambio alguno. Escriba la palabra en la línea aun cuando no sea necesario ningún cambio.

Sección I

Respecto a las propinas, los expertos aconsejan no condicionarlas al trabajo que ____(1)____ los niños en la casa, para que ellos ____(2)____ que trabajar es una responsabilidad ____(3)____ y que la propina la ____(4)____ por ____(5)____ parte de la familia, aunque no ____(6)____. Pero la mayoría de los padres ____(7)____ que su hijo ____(8)____ ganarse la propina. Es preferible enseñarles a hacer ____(9)____ tareas estimulándolos con premios que no sean ____(10)____, como por ejemplo llevándolos al cine, o permitiéndoles ____(11)____ más tarde a la cama.

1. _____ (efectuar)

2. _____ (comprender)

3. _____ (familiar)

4. _____ (obtener)

5. _____ (ser)

6. _____ (ayudar)

7. _____ (creer)

8. _____ (deber)

9. _____ (su)

10. _____ (material)

11. _____ (irse)

Sección II

"Me gustaría que la gente ____(1)____ que porque tengo el virus no soy diferente a los demás," declara Roy Torres, un puertorriqueño de mirada ____(2)____. "____(3)____ en Miami y soy residente en California desde la niñez. ____(4)____ 34 años y muchas ganas de ____(5)____. Me ____(6)____ conocer a muchas personas y ayudar a otros. ¡____(7)____ tantas cosas que quisiera ____(8)____ ! Me ____(9)____ estudiar teatro y literatura, pero ahora no puedo. Me ____(10)____ mucha actividad". Su voz tiene un dejo de melancolía.

1. _____ (saber)

2. _____ (intenso)

3. _____ (Nacer)

4. _____ (Tener)

5. _____ (vivir)

6. _____ (gustar)

7. _____ (Haber)

8. _____ (hacer)

9. _____ (encantar)

10. _____ (cansar)

El arte de escribir: Verbos

Instrucciones: En cada una de las siguientes oraciones, se ha omitido un verbo. Complete usted cada oración escribiendo en la línea numerada la forma y el tiempo correctos del verbo entre paréntesis. Es posible que haga falta más de una palabra. En todo caso usted debe usar un tiempo del verbo entre paréntesis.

1. Uds. ____(1)____ de reconciliarse lo más pronto posible.

2. Mientras los niños peleaban, la madre ____(2)____ cuenta de que el menor estaba llorando.

3. Pedro ____(3)____ de María hace dos años. La conoció en el teatro.

4. ____(4)____ nosotros con Ana y vayamos de compras.

5. Mi madre quiere que yo la ____(5)____ cada vez que salgo de la casa.

6. Oye, no me ____(6)____ bien ese tío. Voy a marcharme inmediatamente.

7. La niña entró en la casa y ____(7)____ a su hermano.

8. Si tú me ____(8)____ una vez más, me iré.

9. ____(9)____ celos, Juan se crea problemas.

10. Deseo que mi novio me ____(10)____ un anillo de oro.

1. _____ (haber)

2. _____ (darse)

3. _____ (enamorarse)

4. _____ (salir)

5. _____ (abrazar)

6. _____ (caer)

7. _____ (besar)

8. _____ (insultar)

9. _____ (Tener)

10. _____ (escoger)

El arte de escribir: Ensayos

Instrucciones: Escriba EN ESPAÑOL un ensayo claramente expuesto y organizado sobre el siguiente tema. Se calificará su trabajo teniendo en cuenta la precisión y riqueza del vocabulario, la precisión gramatical y la organización. El ensayo debe tener una extensión mínima de 200 palabras.

Ensayo I: Lo que hacen nuestros amigos que nos molesta

Los amigos siempre son muy importantes pero muchas veces hacen o dicen cosas que no nos agradan. Describa algunas de esas cosas que personalmente han sido una molestia para Ud. Incluya en su ensayo si es mejor hablarles de estos problemas abiertamente a sus amigos o callarlos y aceptar a sus amigos tal como son.

_____

_____

_____

_____

Ensayo II: La individualidad y la conformidad

En cualquier sociedad siempre hay cierta presión de conformarse a las normas de la mayoría. También es importante mantener una identidad individual. En un ensayo discuta la tensión entre estos dos puntos de conflicto en la sociedad en que Ud. se encuentra.

_____

_____

_____

_____

Ensayo III: Las buenas relaciones humanas

Las buenas relaciones con otras personas forman la base de nuestro propio desarrollo individual. Por eso es necesario saber qué no contribuye al desarrollo de estas buenas relaciones. Escriba un ensayo en el que describa cómo algunos elementos pueden destruir esa amistad.

_____

_____

_____

_____

Ensayo IV: La brecha entre generaciones

Siempre hay una brecha entre la generación de los padres y la de los hijos. Describa algo que sus padres le han exigido a Ud. y que Ud. no va a requerir a sus propios hijos y explique por qué.

_____

_____

_____

_____

Ensayo V: Tradiciones familiares

Hay muchas tradiciones familiares que incluyen la comida. Hay celebraciones como aniversarios y cumpleaños. Hay fiestas durante las vacaciones y días festivos. Muchas veces durante estas celebraciones se observa lo mejor y lo peor de una familia. En un ensayo describa la última celebración familiar a la que Ud. asistió. Describa la comida, la conversación, el ambiente y la dinámica familiar.

_____

_____

_____

_____

Ensayo VI: Un homenaje

Un homenaje es un acto que se celebra en honor de alguien. En un homenaje se habla del valor de su vida, de lo que ha contribuido a la vida de otros, y de una anécdota que ilustre la razón por el homenaje. Escriba un homenaje en honor de una persona importante a quien Ud. admira.

_____

_____

_____

_____

Ensayo VII: La jefatura

Cuando estamos con otras personas de nuestra generación es fácil reconocer a los que tienen un don de mando. Escriba un ensayo sobre las características que tienen los de su edad que son buenos líderes y lo que se le requiere personalmente a uno en puesto de jefatura.

_____

_____

_____

_____

Ensayo VIII: Su obituario

Cuando Ud. se muera va a dejar trás de sí años de éxitos y actos personales. Escriba un obituario en el cual Ud. detalle el tipo de homenaje que le gustaría que alguien escribiese sobre su vida.

_____

_____

_____

_____

Ensayo IX: Lo que es ser padres

Durante varios años Ud. ha podido observar a sus padres o a los padres de sus amigos. Si pudiera dar consejos a una pareja que está para casarse, ¿qué les diría sobre lo que comprende la buena paternidad? En un ensayo sugiérales lo que deben hacer para educar y criar bien a sus hijos.

_____

_____

_____

_____

El arte de hablar: Serie de dibujos

Directions: You will now be asked to speak in Spanish about these pictures. Note that there are six pictures on the following pages. You will hear some instructions in Spanish. After these instructions, you will have two minutes to think about the pictures and two minutes to tell the story suggested by the pictures. Although you may spend more time describing what happens in some pictures than in others, be sure to talk about all of the pictures as you tell the story. In describing the pictures and the story they tell, you should use as much of the response time as possible. You will be scored not only for the appropriateness and grammatical correctness of your response, but also for the range of vocabulary, pronunciation, and overall fluency. If you hear yourself make an error as you are speaking, you should correct the error and continue speaking. Do not start your tape recorder until your are told to do so.

Instrucciones: Los dibujos que Ud. ve representan un cuento. Con la ayuda de ellos, trate usted de reconstruir esta historia.

Ahora empiece a pensar en los dibujos.

DIBUJO I

1

2

3

4

5

6

El arte de hablar: Preguntas y respuestas

Directions: Now you will be asked to respond to a series of questions. Listen carefully to each question, since your score will be based on your comprehension of the questions, as well as the appropriateness, grammatical accuracy, and pronunciation of your response. You should answer each question as extensively and fully as possible. If you hear yourself make an error, you should correct the error. If you are still responding when you hear the speaker say, "Now we will go on to the next question," stop speaking and listen. Do not be concerned if your response is incomplete.

Instrucciones: Serie de preguntas. Esta parte consiste en una serie de preguntas basadas en un tema específico. Usted tendrá que responder lo más preciso posible. Hay que tener cuidado con la precisión de vocabulario y de gramática. Se repetirá cada pregunta dos veces. Está bien corregirse y no se preocupe si no termina su respuesta dentro de los veinte segundos para su respuesta. Espere el tono para empezar a responder. La primera pregunta es de práctica. Después habrá cinco preguntas más.

Serie de preguntas número uno: El tema de esta serie de preguntas son los mejores amigos.

CAPÍTULO X—CUESTIONES SOCIALES

(Avances tecnológicos, futuro, leyes, policía)

VOCABULARIO

armas

arrestado

asesinado

avance (m)

banco

calabozo

campesino

capturar

cárcel (f)

cargo

celda

censura

choque (m)

ciudadano

comisaría

conducir

constitución (f)

derechos humanos

detención (f)

encarcelado

enmienda

estatal

estereotipo

exiliado

federal

frontera

fuerzas militares

gobierno

golpe de estado (m)

guardia

guerra

inflación (f)

investigador (m)

jefe (m)

juez (m)

liberal

libertad (f)

libre

mandado

marchar

militar

militares (m)

motín (m)

multa

mundo

nación (f)

noticias

opción (f)

ordenador (m)

país (m)

palacio

peatón (m)

población (f)

poder (m)

poderoso

policía

prensa

presidente (m)

presidio

preso

prisión (f)

prisionero

privado

público

rebelde (f, m)

reforma

régimen (m)

región (f)

rendirse

reportero

represalia

reunión (f)

revista

revolución (f)

robo

rodear

tecnológico

testigo

traición (f)

tribunal (m)

El arte de escuchar: Diálogos cortos

Instrucciones: Escuchará usted una serie de diálogos. Después de cada diálogo se le harán varias preguntas sobre lo que acaba de escuchar. Para cada pregunta elija la mejor respuesta de las cuatro opciones escritas en su libreta de examen.

NOW GET READY FOR THE FIRST DIALOGUE

1. a. No tiene las luces prendidas.
   b. Tiene una cita en diez minutos.
   c. Es antipática y molesta.
   d. El velocímetro no funciona bien.

2. a. Salió tarde de casa.
   b. No quiere llegar tarde.
   c. Tiene una cita dentro de muy poco.
   d. Otro policía le paró un poco antes.

3. a. Se resigna a recibirla.
   b. Se pone súper fastidiado.
   c. Niega que no tuviera prendidos los faros.
   d. Dice que la policía lo está acosando.

4. a. Por qué conducía a un exceso de velocidad.
   b. Por qué estaba de prisa.
   c. Por qué tenía una cita importante.
   d. Por qué le había gritado a la policía.

Instrucciones: Ahora escuchará una serie de narraciones. Después de cada narración se le harán varias preguntas sobre lo que acaba de escuchar. Para cada pregunta elija la mejor respuesta de las cuatro opciones escritas en su libreta de examen.

NOW GET READY FOR THE FIRST NARRATIVE

1. a. Los militares capturaron al presidente.
   b. Hubo otra revolución.
   c. Un intento de golpe de estado fracasó.
   d. Los militares impusieron un toque de queda.

2. a. Los ricos deseaban otro régimen liberal.
   b. Los campesinos querían imponer una reforma agraria.
   c. El vecino país quería atacar el país del reportero.
   d. La gente del país ya no se fiaba de la administración.

3. a. El presidente y su esposa estaban en otro país.
   b. Los militares no vieron salir al presidente y su esposa.
   c. El presidente y su esposa ya habían salido del palacio.
   d. El presidente y su esposa estaban trabajando en su oficina todavía.

4. a. Le habría gustado venderlas.
   b. Quería que los campesinos las trabajaran.
   c. Deseaba que su esposa se las quitara a los ricos.
   d. Quería distribuir las tierras entre los campesinos.

5. a. Les quitaron las armas.
   b. Fueron arrestados y mandados al calabozo.
   c. Fueron asesinados por las fuerzas leales al presidente.
   d. El general de los rebeldes los encerró y tuvieron que rendirse.

6. a. Se dejaron rodear.
   b. Llegaron demasiado temprano al palacio.
   c. No sabían qué hora era.
   d. Se cansaron y regresaron a la base militar.

El arte de leer: Vocabulario

Instrucciones: Esta parte consiste en una serie de oraciones incompletas. Para cada una de las oraciones se ofrecen cuatro opciones para completarla. Elija la opción más apropiada.

1. A causa de . . . los coches no circulan a una velocidad muy rápida.

    a. un choque
    b. una carterista
    c. un farol
    d. una rueda

2. Después de pasar la salida, el camionero decidió . . . a la izquierda y seguir otro camino.

    a. alquilar
    b. revolver
    c. doblar
    d. repasar

3. Las condiciones . . . de la cárcel no amenazaban a ningún prisionero.

    a. temerarias
    b. inocentes
    c. sanas
    d. arrepentidas

4. Llena de alegría, la estudiante estaba sonriendo . . .

    a. tristemente.
    b. dulcemente.
    c. dolorosamente.
    d. fastuosamente.

5. La juez entró en la sala del tribunal y todos tuvieron que . . .

    a. doblarse.
    b. erguirse.
    c. agacharse.
    d. ponerse de pie.

6. No existe ningún ciudadano que no reconozca al acusado. Aparece diariamente en las noticias; es decir que . . .

    a. tiene fama.
    b. no tiene prisa.
    c. tiene yeso.
    d. tiene vendaje.

7. Después de . . . al culpable, la policía escribió los nombres de los testigos.

    a. delatar
    b. mullir
    c. esposar
    d. amargar

8. Está . . . por un año en la prisión.

    a. preso
    b. breve
    c. libre
    d. debido

9. Desde fuera de . . . los estudiantes estaban mirando a su profesor. Les sorprendía la detención de él.

    a. la década
    b. el guardia
    c. la celda
    d. la traición

10. Es difícil creer que este hombre lleve muchos años vistiendo . . . de la Academia de Conducir.

    a. la presa
    b. el traje
    c. el robo
    d. el cargo

El arte de leer: Gramática

Instrucciones: En esta parte, usted debe elegir la palabra o frase que complete la oración correctamente.

1. Buenas tardes, señora policía. ¿Qué . . . de nuevo?
    - a. hay
    - b. había
    - c. hubiera
    - d. habrá

2. Hubo un accidente anoche a las seis, y había mucha gente en la calle. ¿No . . . sabía?
    - a. los
    - b. lo
    - c. la
    - d. le

3. Tenía mucha prisa y no me . . . cuenta de la velocidad.
    - a. daré
    - b. daría
    - c. doy
    - d. di

4. Ud. tiene mucho que decir, señor. Vamos ahora a la estación de policía. . . . todo al agente de policía.
    - a. Explícaselo
    - b. Está Ud. explicándoselo
    - c. Explíqueselo
    - d. Se lo explique

5. No sé qué va a pasar mañana en el tribunal. ¿Te . . . una multa?
    - a. impondría
    - b. impuso
    - c. imponga
    - d. impondrá

6. A pesar . . . todos los problemas, se ha controlado la inflación.
    - a. de
    - b. por
    - c. en
    - d. con

7. Hace dos años que el gobierno . . . una buena reforma agraria.
    - a. sugeriría
    - b. sugerirá
    - c. sugiriera
    - d. sugirió

8. Los militares salieron del palacio a las cinco . . . la mañana.
    - a. por
    - b. a
    - c. de
    - d. en

9. El jefe llegó al centro y descubrió que los empleados ya . . .
    - a. se han marchado.
    - b. se habían marchado.
    - c. se marcharán.
    - d. se marchan.

10. Es una lástima que hayan salido. Me habría gustado . . . adiós.
    - a. les dicen
    - b. diciéndoles
    - c. decirles
    - d. les han dicho

El arte de leer: Gramática incorrecta

Instrucciones: En las siguientes oraciones, usted debe elegir la parte que hay que CAMBIAR para que cada oración sea gramaticalmente correcta.

1. Cuando <u>críen</u> a los hijos, los padres tienen que <u>organizarse</u> bien porque durante los
        a   b
   años de la adolescencia los jóvenes <u>les</u> <u>piden</u> mucho.
                                            c   d

2. Cuando era chico, <u>tocaba</u> el piano y <u>cantaba</u> en el coro, pero un día <u>decidía</u> <u>dejarlos</u>.
                    a   b   c   d

3. Después que <u>ocurrió</u> el motín, el gobernador del estado <u>era</u> el primero <u>en</u> llegar para
              a   b   c
   investigar <u>los</u> orígenes de los disturbios.
            d

4. En <u>cualquiera</u> caso el <u>casarse</u> es una decisión <u>en la que</u> <u>deben</u> pensar mucho.
        a   b   c   d

5. Mi tío Esteban, <u>quien</u> es <u>una</u> policía, quiere que yo <u>le</u> <u>escriba</u> una carta.
                a   b   c d

6. La reunión <u>estará</u> <u>el</u> martes y el testigo tiene que <u>ser</u> muy listo con <u>sus</u> descripciones.
            a b   c   d

7. Si <u>aquel</u> especialista trabajara aquí, <u>compraremos</u> uno de <u>esos</u> ordenadores que lo
      a   b   c
   <u>hacen</u> todo.
    d

8. Dolores, si pierdes <u>tus</u> tarjetas de crédito, <u>tendrías</u> que llamar a los bancos <u>y</u> a las
                    a   b   c
   tiendas <u>donde</u> tienes cuentas.
          d

9. La microcomputadora tiene <u>demasiado</u> teclas, y <u>lo</u> difícil <u>es</u> que no <u>las</u> entiendo.
                           a   b   c   d

10. El gobierno <u>quería</u> que mi primo <u>fuera</u> a la guerra. Así que "el exiliado" <u>se fue</u> de los
               a   b   c
    EE. UU. y <u>se acostumbraba</u> a la vida canadiense.
             d

El arte de leer: Lectura

Instrucciones: Lea con cuidado cada uno de los pasajes siguientes. Cada pasaje va seguido de varias preguntas u oraciones incompletas. Elija la mejor respuesta o terminación, de acuerdo al pasaje.

Al terminar la guerra recobró poco a poco la ciudad (de París) su antiguo aspecto. Empezaron a volver a ella los vecinos huidos, y los que habían soportado durante más de cuatro años la dominación extranjera les relataban sus miserias.

Regresaron también en pequeños grupos los deportados al interior de Alemania, pero su número había disminuido durante la esclavitud. Eran muchos los que se quedaban para siempre en las entrañas de aquella tierra aborrecida y hostil.

Entre tantas desgracias, representaba una alegría para la ciudad la certeza de que Simoulin, <<nuestro poeta>>, no había muerto. Es más; al principio, los enemigos lo habían tratado sin ninguna consideración; pero el mérito no puede permanecer mucho tiempo en la obscuridad, y cierto profesor alemán que había sostenido en otro tiempo correspondencia con el gran hombre sobre hallazgos arqueológicos, al saberle prisionero, consiguió trasladarlo a su ciudad, haciéndole más llevadero el cautiverio. El poeta hizo partícipe de esta buena suerte al comandante, en su calidad de numismático, y para los dos transcurrió el período de cautiverio en una dependencia humillante pero soportable.

La ciudad, a pesar de sus recientes tristezas, hizo grandes preparativos para recibir a Simoulin a su vuelta de Alemania. Ya era algo más que un gran poeta, gloria de su país adoptivo; había pasado a convertirse en héroe, digno de servir de ejemplo a las generaciones futuras. Cuando tantos huían, él continuaba en su puesto, y el brillo de su gloria era tal, que los feroces enemigos habían acabado por respetarlo, tratándole casi con tanta admiración como sus convecinos.

1. No regresaron a París muchos deportados porque
    a. muchos murieron en Alemania.
    b. una gran cantidad decidió quedarse en Alemania.
    c. se mudaron a otros países.
    d. muchos fueron asesinados en Alemania.

2. ¿A quiénes les contaban sus historias tristes las víctimas de la guerra?
    a. Les relataron sus cuentos a los vecinos.
    b. Contaban sus miserias entre sí.
    c. Se las explicaban al poeta Simoulin.
    d. Se las dijeron a los que regresaban.

3. Un elemento de esperanza durante la guerra fue
   a. la alegría de la ciudad.
   b. la conducta del poeta de la ciudad.
   c. la correspondencia arqueológica de Simoulin.
   d. la vuelta del poeta Simoulin.

4. Durante la guerra el poeta se aprovechó
   a. de su fama para conseguir consideraciones especiales.
   b. del hecho que se quedó en su puesto y no huyó con los demás.
   c. de la ayuda de un profesor alemán que se había acordado de él.
   d. de los alemanes, lo que produjo una relación incómoda pero agradable.

5. El profesor alemán ayudó a Simoulin porque
   a. había leído su poesía.
   b. le había correspondido en otra época.
   c. había oído que todavía estaba en Paris.
   d. sabía que era numismático.

6. ¿Por qué se convirtió en héroe Simoulin?
   a. Sus aprehensores le trataban con mucho respeto.
   b. No salió con los demás cuando llegaron los alemanes.
   c. Escribió poemas de tanto brillo y verdad.
   d. Volvió de Alemania con mucha holgura.

El arte de escribir: Vocabulario

¿Qué ocurre cuando la experiencia de los actores latinos que ____(1)____ el éxito en Hollywood se ve ____(2)____ a los ____(3)____ estereotipos de la televisión? Para los artistas del grupo de teatro Latins Anonymous, la opción ha ____(4)____ transformar la frustración en actos ____(5)____.

Hace muchos años los actores—Diane Rodríguez, Luisa Leschin, Rick Najera y Armando Molina—se ____(6)____ en Los Ángeles al cruzarse en ____(7)____ pruebas para películas y ____(8)____ que ____(9)____ mucho en común.

1. _____ (buscar)

2. _____ (limitado)

3. _____ (peor)

4. _____ (ser)

5. _____ (creativo)

6. _____ (conocer)

7. _____ (un)

8. _____ (descubrir)

9. _____ (tener)

El arte de escribir: Verbos

Instrucciones: En cada una de las siguientes oraciones, se ha omitido un verbo. Complete usted cada oración escribiendo en la línea numerada la forma y el tiempo correcto del verbo entre paréntesis. Es posible que haga falta más de una palabra. En todo caso usted debe usar un tiempo del verbo entre paréntesis.

1. Para ____(1)____ mejor los avances tecnológicos de hoy, es importante leer las revistas científicas.

   1. _____ (entender)

2. ____(2)____ preguntado a todos los testigos, la policía salió para la comisaría.

   2. _____ (Haber)

3. No hay ningún conflicto en este mundo que ____(3)____ tan grande.

   3. _____ (ser)

4. Después de que vosotros ____(4)____ el problema, idos.

   4. _____ (discutir)

5. Niño, ¿____(5)____ por qué llegas tan tarde?

   5. _____ (explicar)

6. ¿____(6)____ los marcianos al espacio inter-planetario cuando llegaron los investigadores?

   6. _____ (Volver)

7. El peatón estaba cruzando la calle cuando un camión lo ____(7)____.

   7. _____ (atropellar)

8. Subí la escalera, pasé por el corredor, y des-graciadamente ____(8)____ al entrar en el cuarto.

   8. _____ (tropezar)

9. Ojalá que los médicos ____(9)____ las enfer-medades más graves de nuestro mundo.

   9. _____ (impedir)

10. Para poder ____(10)____ más avances en el campo de la ciencia, son importantes los estudios.

   10. _____ (descubrir)

El arte de escribir: Ensayos

Instrucciones: Escriba EN ESPAÑOL un ensayo claramente expuesto y organizado sobre el siguiente tema. Se calificará su trabajo teniendo en cuenta la precisión y riqueza del vocabulario, la precisión gramatical y la organización. El ensayo debe tener una <u>extensión mínima de 200 palabras.</u>

Ensayo I: La primera enmienda

La primera enmienda de la Constitución de los Estados Unidos garantiza los derechos a la libertad de palabra y de prensa. Generalmente se entiende por esta enmienda el derecho a decir o escribir lo que uno piensa sin miedo a represalias o censura. Una de las cuestiones de hoy en día es hasta qué punto las personas en puestos públicos tienen el derecho a proteger su vida privada. Escriba un ensayo desde el punto de vista del presidente de un país contra el deseo de la prensa que quiere saber todo acerca de su vida.

Ensayo II: La utopía

A través de los siglos se ha intentado desarrollar la comunidad perfecta. Ha habido intentos religiosos, políticos y económicos. En un ensayo escriba sobre las posibilidades y las dificultades de fundar tal sociedad.

Ensayo III: Las responsabilidades adultas

Mientras crecemos esperamos el día cuando lleguemos a la mayoría de edad. Cuando lleguemos tendremos más responsabilidades: responsabilidades ante la ley, por supuesto, y posiblemente con respecto a otras personas y el desarrollo de nosotros mismos. Describa estas responsabilidades y si Ud. tendrá problemas con su cumplimiento.

_____

_____

_____

_____

_____

Ensayo IV: La intolerancia

Se dice que la intolerancia es la base de conflictos pequeños y globales entre países, individuos y razas. Escoja un ejemplo de la intolerancia sea a nivel personal o global y discútalo explorando sus raíces y posibles soluciones.

_____

_____

_____

_____

_____

Directions: You will now be asked to speak in Spanish about these pictures. Note that there are six pictures on the following pages. You will hear some instructions in Spanish. After these instructions, you will have two minutes to think about the pictures and two minutes to tell the story suggested by the pictures. Although you may spend more time describing what happens in some pictures than in others, be sure to talk about all of the pictures as you tell the story. In describing the pictures and the story they tell, you should use as much of the response time as possible. You will be scored not only for the appropriateness and grammatical correctness of your response, but also for the range of vocabulary, pronunciation, and overall fluency. If you hear yourself make an error as you are speaking, you should correct the error and continue speaking. Do not start your tape recorder until your are told to do so.

Instrucciones: Los dibujos que Ud. ve representan un cuento. Con la ayuda de ellos, trate usted de reconstruir esta historia.

Ahora empiece a pensar en los dibujos.

DIBUJO I

1

2

3

4

5

6

El arte de hablar: Preguntas y respuestas

Directions: Now you will be asked to respond to a series of questions. Listen carefully to each question, since your score will be based on your comprehension of the questions, as well as the appropriateness, grammatical accuracy, and pronunciation of your response. You should answer each question as extensively and fully as possible. If you hear yourself make an error, you should correct the error. If you are still responding when you hear the speaker say, "Now we will go on to the next question," stop speaking and listen. Do not be concerned if your response is incomplete.

Instrucciones: Serie de preguntas. Esta parte consiste en una serie de preguntas basadas en un tema específico. Usted tendrá que responder lo más preciso posible. Hay que tener cuidado con la precisión de vocabulario y de gramática. Se repetirá cada pregunta dos veces. Está bien corregirse y no se preocupe si no termina su respuesta dentro de los veinte segundos para su respuesta. Espere el tono para empezar a responder. La primera pregunta es de práctica. Después habrá cinco preguntas más.

Serie de preguntas número uno: El tema de esta serie de preguntas es el servicio social.